À la rencontre des EXPLORATEURS du CANADA

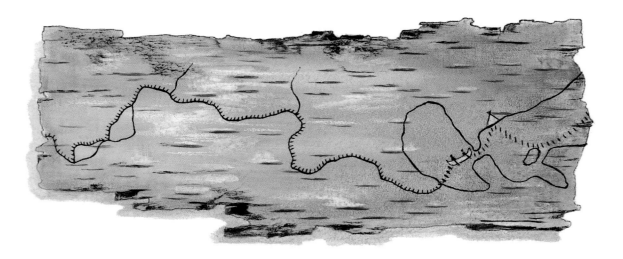

TEXTE

Ann-Maureen Owens et Jane Yealland

ILLUSTRATIONS

John Mantha

TRADUCTION

Louise Binette

RÉVISION

Ginette Bonneau

À mon époux, Peter Owens, pour son encouragement, son amour et son soutien. A-M. O.

À ma sœur, Joanne Breadner, pour son aide et son appui précieux durant les recherches. J. Y.

Remerciements

Des hommes et des femmes venant d'horizons différents ont exploré la terre qui allait devenir le Canada et ce livre célèbre les exploits de nombre d'entre eux. De nouvelles informations sur les premiers explorateurs continuent d'être mises au jour grâce à la recherche et aux travaux archéologiques. Nous devons aussi beaucoup aux superbes collections et aux publications du Musée canadien des civilisations et des Archives nationales du Canada.

Des remerciements particuliers à Deanna Brant, enseignante-ressource à l'école secondaire mohawk de Quinte, dans le territoire mohawk de Tyendinaga, pour la révision des pages portant sur l'exploration autochtone, et à Maurice D. Smith, conservateur émérite du Musée de la marine des Grands Lacs, à Kingston, pour ses conseils et son expertise dans le domaine nautique.

Nous remercions également Valerie Hussey, qui nous a fourni l'occasion d'écrire ce livre, Julie Naimska, pour la conception originale, et John Mantha, dont les illustrations ont donné vie aux explorateurs au cœur même de leurs aventures. Comme toujours, nous sommes redevables à notre merveilleuse éditrice, Liz MacLeod, de nous avoir guidées avec expertise et grâce tout au long de la création de ce nouvel ouvrage.

Crédits photographiques

Tous les efforts raisonnables ont été faits pour identifier les détenteurs du copyright du matériel utilisé et de leur accordé les crédits qui leur reviennent. Toute information qui pourrait permettre à l'éditeur de corriger toute erreur éventuelle dans les éditions ultérieures serait appréciée.

Abréviation : h = haut ; b = bas ; c = centre ; g = gauche ; d = droite

p. 13: (b) Archives nationales d'Espagne, Simancas, Espagne ; **p. 23**: (d) Bibliothèque nationale du Canada ; **p. 40**: (g) Archives nationales du Canada NLC/C-148345, (d) NAC/C-056934 ; **p. 41**: (h) Avec la permission de Derek Hayes de Historical Atlas of Canada ; Canada's History Illustrated with Original Maps.

Nous reconnaissons l'aide financière du gouvernement du Canada, par l'entremise du Programme d'aide au développement de l'industrie de l'édition (PADIÉ), pour nos activités d'édition. Gouvernement du Québec — Programme de crédit d'impôt pour l'édition de livres.

Édition : Elizabeth MacLeod
Conception graphique : Julia Naimska et Jean-Marc Gélineau

Imprimé en Chine.

CM 04   0 9 8 7 6 5 4 3 2

Catalogage avant publication de la Bibliothèque et Archives Canada

Owens, Ann-Maureen
À la rencontre des explorateurs du Canada

Traduction de : Kids book of Canadian exploration

Pour les jeunes de 7 à 12 ans.

ISBN 978-2-7625-2117-7

1. Canada Découverte et exploration – Ouvrages pour la jeunesse. 2. Explorateur ¿ Canada — Biographie — Ouvrages pour la jeunesse. I. Yelland, Jane. II Mantha, John. III. Titre

FC172.O9414 2004   j971.01   C2004-940450-4

TABLE DES MATIÈRES

QU'EST-CE QU'UN EXPLORATEUR?

Avez-vous l'esprit aventureux? Quitteriez-vous foyer, famille et amis pour aller naviguer sur des mers inconnues vers des terres mystérieuses? Il y a plusieurs centaines d'années, c'est ce qu'ont fait les explorateurs venus au Canada. Tout comme les astronautes aujourd'hui, les explorateurs risquaient leur vie pour être les premiers à découvrir de nouveaux pays. À cette époque, il était aussi périlleux de traverser l'océan que d'être catapulté dans l'espace de nos jours.

Les premiers explorateurs rêvaient d'aventure, de gloire et de richesse. Ils ont été assez braves et curieux pour poursuivre leurs rêves sur des étendues d'eau dont on n'avait pas dressé la carte et au-delà desquelles les attendaient des terres inconnues. Une bonne partie de ce que nous savons à leur sujet provient des journaux de bord, des lettres et des cartes qui témoignent de leurs aventures. Aujourd'hui, des endroits tels que le détroit de Cabot, la baie d'Hudson et l'île de Vancouver portent leurs noms.

La mer des ténèbres

Dans les années 1400, beaucoup de gens étaient convaincus que la Terre n'était pas ronde mais plate, si bien que les bateaux pouvaient tomber en arrivant au bout. Ils croyaient que l'océan Atlantique, surnommé la «mer des ténèbres» et la «mer océane», était envahi de féroces monstres marins.

À cette même époque, les habitants de l'Europe concentraient leurs déplacements et leurs activités commerciales autour de la mer Méditerranée, qui signifie «qui est au milieu de la terre». Pourtant, ils racontaient des histoires à propos des endroits qu'ils imaginaient de l'autre côté de l'Atlantique.

Il y a plus de 2000 ans, le philosophe grec Platon a écrit sur l'étonnante richesse d'une île engloutie nommée Atlantide.

Une légende irlandaise décrivait également un endroit paradisiaque appelé l'île de Saint-Brendan, où le climat était idéal et où les fruits exotiques abondaient. Et si l'on en croit une légende portugaise, le sable des plages d'une île nommée Antilia contenait des paillettes d'or. On comprend mieux pourquoi les gens souhaitaient trouver ces terres nouvelles!

Pourquoi explorer?

L'idée que la Terre était plate ne faisait pas l'unanimité. Des explorateurs instruits, tels que John Cabot, croyaient plutôt qu'elle était ronde. Cabot était prêt à s'exposer aux nombreux risques de l'exploration pour prouver que la traversée de l'Atlantique Nord était la meilleure route commerciale vers l'Asie et pour être le premier à l'emprunter.

La majorité des explorateurs n'étaient pas riches. Ils devaient donc convaincre les rois ou les marchands de leur fournir des vaisseaux, des récompenses en guise de paiement pour l'équipage et suffisamment de vivres pour la durée de ces longs périples. Afin de rembourser leurs répondants, les explorateurs devaient conquérir de nouveaux territoires au nom de leur roi et de leur pays ou trouver de nouvelles routes commerciales qui permettraient aux marchands de faire davantage d'argent.

Les premiers Européens venus au Canada cherchaient à atteindre d'autres endroits dont ils avaient entendu parler. C'est pourtant une terre tout à fait inconnue qui les attendait. Avec l'aide des gens qui y vivaient déjà, les explorateurs ont « découvert » un pays vaste et sauvage qui est devenu le Canada.

Le profil d'un bon explorateur

Samuel de Champlain, qui a fondé Québec en 1608, a énuméré les qualités nécessaires pour devenir explorateur : « Avant tout, il faut être un homme bon, qui craint Dieu… Il ne faut pas être de nature délicate ou faire la fine bouche, sinon les changements fréquents de climat et de nourriture seront pénibles… Il importe d'être robuste et alerte, d'avoir le pied marin, d'être affable et de conversation agréable… Il faut aussi avoir une boussole à portée de main et la consulter souvent pour s'assurer que le navire garde le cap. »

SAINT-BRENDAN LE NAVIGATEUR

Saint-Brendan était un moine irlandais qui a affronté l'océan Atlantique Nord et ses tempêtes. Sa petite embarcation ouverte, faite d'une armature de bois et recouverte de peaux de bœuf cousues, portait le nom de coracle.

Selon une légende irlandaise, Saint-Brendan et quelques autres moines auraient même pu naviguer jusqu'en Amérique du Nord au cours du VIe siècle. Il est probable qu'ils ont véritablement atteint l'Islande, car on retrouve dans leurs récits de voyages la description de « montagnes vomissant du feu », ce qui évoque les volcans de ce pays. De plus, certains lieux d'Islande portent des noms irlandais qui remontent à l'époque de Saint-Brendan. A-t-il poursuivi sa route jusqu'au Canada ? Personne n'en a la certitude.

Tim Severin et son équipage ont utilisé uniquement des rames et une voile carrée, exactement comme l'aurait fait Saint-Brendan au VIe siècle.

L'histoire se poursuit

Tim Severin, un aventurier des temps modernes, a prouvé que Saint-Brendan aurait pu atteindre le Canada. Il a construit une réplique du coracle de Saint-Brendan. Lui et son équipage ont quitté l'Irlande à son bord en mai 1976, passant l'hiver en Islande et accostant à Terre-Neuve en juillet 1977. Severin a consacré sa carrière à l'étude des voyages des héros légendaires.

LES PREMIERS EXPLORATEURS DU CANADA

L'exploration du Canada a commencé des milliers d'années avant l'arrivée du premier explorateur européen, mais elle n'a pas été consignée. Les résultats de recherches archéologiques ainsi que la tradition orale témoignent pourtant de l'histoire des premières explorations autochtones.

Certains autochtones ont joué un rôle prépondérant dans l'exploration et la colonisation du Canada par les Européens. En effet, des guides autochtones menaient les explorateurs dans les terres et leur transmettaient leur savoir pour survivre grâce aux ressources naturelles. Sans leur aide, un grand nombre d'explorateurs n'auraient pas survécu.

Les premiers autochtones du Canada
Certains anthropologues croient que les autochtones sont les descendants de chasseurs ayant migré au pays il y a environ 40 000 ans. Ils seraient venus par un pont terrestre qui aurait joint l'Asie à l'Amérique du Nord durant un certain temps au cours de la période glaciaire. D'autres scientifiques pensent que les premiers explorateurs du Canada auraient pu arriver encore plus tôt à bord de petites embarcations ou de radeaux venus d'autres régions du globe. Toutefois, il n'existe aucune preuve irréfutable pouvant vérifier l'une ou l'autre de ces hypothèses.

Bon nombre d'autochtones ne sont pas d'accord avec les théories scientifiques concernant la venue des premiers arrivants au Canada. Chaque tribu a sa propre histoire expliquant sa création, les origines de ses ancêtres et sa relation avec la nature.

Les sept principales régions culturelles où vivaient les premiers arrivants :

- *Arctique*
- *Subarctique*
- *Côte Nord-Ouest*
- *Plateau*
- *Plaines*
- *Forêts de l'Est (chasseurs)*
- *Forêts de l'Est (fermiers)*

Les autochtones et les Inuits

Les peuples autochtones ont exploré le Canada d'un bout à l'autre. Les scientifiques estiment qu'entre 500 000 et 2 millions de personnes habitaient le Canada lorsque les premiers Européens sont arrivés. Selon la région où ils se sont installés, les différents groupes autochtones ont développé leurs propres coutumes et leur propre langue. La plupart des tribus appartiennent à l'un des six groupes suivants, qui existent encore aujourd'hui.

Les forêts de l'Est

Les Micmacs vivaient dans les provinces maritimes et ils ont été les premiers à pratiquer le troc avec les Européens. Les tribus huronnes et iroquoises du Québec et de l'Ontario cultivaient la fève, le maïs et la courge, qu'on appelait «les trois sœurs». Durant l'hiver, ces imposantes tribus chassaient l'ours, le castor et le chevreuil. Les guides hurons et iroquois conduisaient les commerçants de fourrure français et anglais jusqu'aux Grands Lacs et plus loin encore.

Le Subarctique

Les Chipewyans et les Cris, chasseurs nomades de caribou et d'orignal, vivaient à la limite forestière, dans le nord du Canada. Les deux tribus fournissaient des fourrures à la Compagnie de la Baie d'Hudson. Ils utilisaient des raquettes et des toboggans pour faciliter leurs déplacements.

« Nous, les premiers peuples de ce pays, savons que le Créateur nous a mis ici. Le Créateur nous a donné des lois qui régissent toutes nos relations afin que nous vivions en harmonie avec la nature et l'humanité. »

— Une déclaration de l'Assemblée des Premières Nations

Les Plaines

En Alberta et en Saskatchewan, les Pieds-Noirs, les Gens-du-Sang et les Peigans se déplaçaient pour chasser le bison. Ils préparaient le pemmican à l'aide de viande de bison séchée et ils approvisionnaient les explorateurs européens de cet aliment de base. Avant l'arrivée du cheval, les tribus des Plaines avaient recours aux chiens pour tirer les charges lorsqu'ils voyageaient.

Le Plateau

La région intérieure de la Colombie-Britannique était habitée par des tribus telles que les Salish de l'intérieur et les Kootenay. Leur survie dépendait de la chasse à l'orignal et au wapiti, mais ils ont exploré la région dans le but d'établir des liens commerciaux avec les tribus côtières.

L'Arctique

Les Inuits étaient des nomades qui chassaient le phoque et le morse. Ils parcouraient les terres gelées en traîneau à chiens et les eaux glaciales de l'Arctique à bord d'embarcations recouvertes de peaux de phoque. Jusqu'à la fin des années 1800, les Inuits ont entretenu peu de contacts avec les étrangers.

La côte Nord-Ouest

Les Nootka et les Haïdas comptaient parmi les tribus installées le long de la côte du Pacifique. Grâce à l'abondance de saumon et de baleine, les Haïdas ont pu bâtir des villages permanents et explorer la côte à bord de leurs pirogues.

Le territoire iroquois fait aujourd'hui partie du Québec et de l'Ontario.

Une grande première

Dans les années 1500, les peuples des Plaines ont été les premiers au Canada à monter à cheval. Leurs montures étaient des descendants des chevaux amenés au Mexique par des explorateurs espagnols. À dos de cheval, les autochtones pouvaient plus facilement chasser le bison, en plus d'échapper à leurs ennemis et d'explorer encore plus loin.

L'ARRIVÉE DES VIKINGS

eiv Eriksson scrute le littoral rocheux à travers la brume. S'agit-il de cette terre nouvelle que son ami Bjarni Herjolfsson a aperçue quinze ans auparavant, mais sans l'explorer ? Lorsque Eriksson et ses hommes ont débarqué sur le rivage rocailleux, ils ont constaté que des autochtones vivaient déjà là. En raison de l'abondance d'arbres et de vignes, Eriksson a baptisé l'endroit Vinland.

Eriksson et son équipage sont venus du Groenland. Les Vikings, également appelés les Normands, étaient originaires de l'Europe du Nord (Danemark, Norvège et Suède), mais ils avaient étendu leur empire jusqu'en Islande et au Groenland. Certains de ces fermiers, une fois les récoltes rentrées, se faisaient pirates et effectuaient des raids dans les villages le long des côtes d'Europe.

La colonisation

Au début, les Vikings étaient à la recherche de trésors. Cependant, à mesure que leur population augmentait, ils ont commencé à chercher des terres. C'est l'une des raisons qui les ont poussés à s'éloigner de la côte pour s'aventurer sur l'océan Atlantique. Après avoir navigué vers le nord, les Vikings se sont installés en Islande. En l'an 980, environ 30 000 personnes y avaient immigré. Quelques années plus tard, ils ont amorcé la colonisation de ce qui allait devenir le Groenland.

Le Normand Bjarni Herjolfsson naviguait vers le Groenland lorsqu'une violente tempête a fait dévier son bateau de sa route. Quand il a finalement atteint le Groenland, il a décrit le nouveau littoral qu'il avait aperçu. Quinze ans plus tard, autour de l'an 1000, Leiv Eriksson a acheté le bateau de Bjarni et s'est lancé à la recherche de ce territoire inconnu.

Le Vinland

Où se trouvait la région qu'Eriksson a nommée Vinland? *Les Sagas du Vinland*, qui sont de longs récits ayant été transmis oralement jusqu'à ce qu'on les mette par écrit dans les années 1400, décrivent les voyages des Vikings. Comme dans toute bonne histoire, certains passages étaient omis ou enjolivés pour rendre le récit plus intéressant.

Les Sagas du Vinland racontent comment Eriksson, son frère, Thorvald, son beau-frère, Karlsefni et sa sœur,

Freydis, ont tenté de s'installer au Vinland. La description de l'endroit nous apprend qu'on y trouvait beaucoup de saumon et de raisin, et suffisamment de bois pour construire les navires. Toutefois, les *Sagas* ne disent rien sur sa situation géographique exacte.

Le Vinland aurait pu être situé n'importe où sur la côte est de l'Amérique du Nord, de Terre-Neuve jusqu'à la côte sud de Long Island, dans l'État de New York. Les historiens et les scientifiques ne s'entendent toujours pas sur son emplacement. Les seuls vestiges d'une colonie viking en Amérique du Nord ont été découverts en 1960 à l'Anse aux Meadows, à l'extrémité nord de Terre-Neuve. S'il s'agit bel et bien du Vinland, Eriksson y a peut-être vécu, en compagnie d'environ quatre-vingts Normands et Normandes.

Une grande première
Les Sagas du Vinland rapportent qu'un bébé de sexe masculin est né au Vinland. Il se prénommait Snorri et a peut-être été le premier Européen à venir au monde en Amérique du Nord.

Les Skraelings
De qui les Normands ont-ils fait la connaissance après avoir débarqué en Amérique du Nord? Ils surnommaient les autochtones les «Skraelings», un mot d'insulte normand signifiant «débraillé» ou «effrayé». Au début, les Vikings et les autochtones échangeaient des biens, mais ils se soupçonnaient mutuellement et les

Sagas font état de batailles entre les deux groupes.

Les Vikings sont restés au Canada durant quelques années seulement. Ils se sont peut-être sentis menacés par les autochtones ou peut-être souffraient-ils simplement du mal du pays.

L'histoire se poursuit
C'est en 1960 que des fouilles archéologiques ont été entreprises à l'Anse aux Meadows par l'archéologue norvégienne Anne Stine et son mari, l'écrivain Helge Ingstad. Ils ont étudié attentivement *Les Sagas du Vinland* et ils en sont venus à la conclusion que les Vikings devaient s'être installés quelque part le long de la côte terre-neuvienne.

Après de longues recherches et avec l'aide d'un pêcheur du village qui avait observé des saillies rectangulaires dans le sol, Stine et Ingstad ont procédé à des fouilles minutieuses sur le site. Il est maintenant possible de visiter l'Anse aux Meadows, qui a été désignée lieu historique national et site du patrimoine mondial de l'Unesco.

L'Anse aux Meadows

LE NOUVEAU MONDE

La majorité des explorateurs européens ignoraient tout des découvertes des Vikings, car leurs *Sagas* n'étaient pas bien connues. À cette époque, de nombreux commerçants européens étaient davantage enclins à voyager vers l'est dans certains pays d'Asie tels que la Chine, l'Inde et les Philippines. Ils circulaient ainsi par voie de terre entre l'Europe et l'Asie pour s'approvisionner en soie et en épices, des produits de luxe pour lesquels la demande était très forte.

Dans les années 1450, la route s'est trouvée bloquée à cause d'une guerre au Moyen-Orient. Les marchands et les souverains étaient prêts à payer des explorateurs pour qu'ils trouvent une route maritime qui leur permettrait de poursuivre ce commerce lucratif. Cependant, les Européens en savaient très peu sur la navigation vers l'Asie. Les cartes de cette époque ne montrent que certaines parties de l'Afrique et de l'Asie. L'Amérique du Nord et l'Amérique du Sud n'y figurent même pas !

Les voyages de Christophe Colomb

Un jeune Italien nommé Christophe Colomb, employé d'une fabrique de cartes géographiques au Portugal, était convaincu que la Terre était ronde. Il en a conclu que, si cela était vrai, le fait de naviguer vers l'ouest constituerait un raccourci vers l'Asie.

Les explorateurs portugais n'ont pas démontré d'intérêt pour l'idée de Colomb, mais il en a été autrement du roi Ferdinand et de la reine Isabella d'Espagne. En 1492, ces derniers l'ont parrainé dans cette aventure périlleuse : un voyage sans carte !

Colomb croyait avoir atteint l'Asie lorsqu'il a débarqué sur l'une des îles maintenant appelées les Antilles. Il a baptisé « Indiens » les habitants de l'endroit et a été accueilli par leurs chefs avec des présents en or. Le roi Ferdinand et la reine Isabella ont été impressionnés et ont renvoyé Colomb à la recherche d'autres trésors. Toutefois, ce second voyage ne lui a pas permis de prouver qu'il avait atteint l'Asie. Les nouveaux territoires que Colomb a revendiqués au nom de l'Espagne n'ont produit de l'or et de l'argent que quelques années plus tard, après qu'il fut mort, déçu, en 1507.

Le premier voyage de Colomb

OCÉAN ATLANTIQUE

Espagne

Antilles

Deux grandes puissances

Le Portugal et l'Espagne ont été les deux premiers pays à explorer ce qu'ils appelaient le Nouveau Monde dans l'espoir d'y découvrir des richesses. Ils pouvaient compter sur les meilleurs navigateurs et les meilleurs bateaux. Bientôt, d'autres pays sont devenus jaloux de leur fortune et de leurs biens. Les souverains et les marchands de l'Angleterre et de la France étaient bien déterminés à mettre la main sur de telles richesses à leur tour. Ils espéraient également trouver une route commerciale vers l'Asie en explorant le nord du Nouveau Monde.

Deux raisons motivaient leur choix d'opter pour le Nord. Les Anglais et les Français souhaitaient rester à bonne distance des pays du Sud dirigés par les Espagnols lourdement armés. De plus, ils avaient probablement entendu parler les Islandais, descendants des Vikings, des terres qui se trouvaient au Nord-Ouest. Peu importe, lorsque des explorateurs venus d'Angleterre et de France ont suivi la route de l'Atlantique Nord, ils ont trouvé le Canada sur leur chemin.

Le partage du Nouveau Monde

En 1494, le traité de Tordesillas a accordé à l'Espagne le contrôle de tous les nouveaux territoires et routes maritimes situés à l'ouest d'un trait imaginaire divisant l'Atlantique en deux, et au Portugal, le contrôle de tout ce qui se trouvait à l'est. Puisqu'il était difficile de

Histoires à dormir debout

Plusieurs siècles avant les voyages de Colomb, les Européens étaient persuadés que les gens vivant dans les régions éloignées du monde n'étaient pas tout à fait humains. Certains récits décrivent des monstres sans tête avec un visage sur la poitrine de même que des êtres qui comptaient plusieurs yeux.

En fait, Colomb et les explorateurs qui ont suivi ses traces ont été surpris de constater que les autochtones du Nouveau Monde leur ressemblaient. Pour dissuader Colomb d'explorer trop loin à l'intérieur de leurs terres, les autochtones des Antilles lui ont raconté que des êtres sauvages pourvus de queues vivaient dans la forêt.

mesurer exactement les distances en mer, personne ne savait précisément où était située la frontière.

La plus grande partie du Canada aurait appartenu aux Espagnols, mais les Portugais soutenaient que le Labrador et Terre-Neuve étaient de leur côté de la frontière. Les Anglais et les Français étaient furieux d'avoir été exclus du traité. Pourtant, ils ne pouvaient pas courir le risque d'entrer en guerre contre l'Espagne ou le Portugal, les deux plus grandes puissances de l'époque.

Les cartographes se basaient sur les renseignements que leur fournissaient les explorateurs pour faire des cartes.

LE SAVIEZ-VOUS?

Le Nouveau Monde a été nommé « Amérique » en l'honneur d'un navigateur italien, Amerigo Vespucci. Celui-ci a effectué au moins deux expéditions sur ce continent et a écrit le récit de ses voyages. En 1507, un cartographe allemand qui avait dû lire ces récits a inscrit le nom d'Amerigo sur le continent, et d'autres ont ensuite reproduit sa carte.

JOHN CABOT

John Cabot caressait un rêve. Depuis qu'il avait navigué sur la mer Méditerranée lorsqu'il était enfant, il voulait devenir capitaine de son propre bateau et traverser le mystérieux océan Atlantique.

Giovanni Caboto est né en 1451 en Italie, la même année et dans la même ville que Christophe Colomb. Comme ce dernier, Caboto croyait que c'est en naviguant vers l'ouest qu'on pouvait atteindre l'Est le plus facilement, et il a calculé que le chemin le plus court pour s'y rendre passait par le Nord. Afin de trouver le soutien nécessaire pour son expédition, Caboto s'est installé en Angleterre avec son épouse et leurs trois fils, où il a commencé à se faire appeler John Cabot.

Le Matthew *a pris le large avec un équipage de 19 hommes.*

Explorer au nom de l'Angleterre

Les marchands anglais, qui avaient appris la nouvelle à propos de la découverte de Colomb, étaient eux aussi impatients de trouver une route vers l'Ouest via l'océan Atlantique. Cabot a été désigné pour mener à bien cette expédition, car sa décision de passer par l'Atlantique Nord convenait davantage au roi Henri VII. En effet, cette région était suffisamment éloignée de l'endroit où avait débarqué Colomb pour ne pas entraîner de conflit avec l'Espagne.

Le rêve de Cabot de traverser l'Atlantique est devenu réalité lorsqu'il a été nommé capitaine d'un petit navire baptisé le *Matthew*. Sa tâche consistait à découvrir de « nouveaux » territoires, que des gens y soient déjà établis ou pas.

Le premier voyage de Cabot

Cabot a pris le large à la fin de mai 1497 et a jeté l'ancre cinq semaines plus tard, devant un littoral rocheux et désert. Il y a trouvé des signes de vie, des pièges pour attraper des animaux, par exemple, ainsi que les cendres d'un feu, mais il n'y a rencontré personne. Il a décidé d'appeler cet endroit « Terre-Neuve » et l'a revendiqué au nom de l'Angleterre en y érigeant une croix.

Cabot a voyagé vers le sud le long de ce qui est aujourd'hui connu comme la côte Est américaine et il a été impressionné par le grand nombre de bancs de morue. Jusqu'à la fin du XXe siècle, ces eaux côtières peu profondes qui couvrent une grande superficie et qu'on appelle les Grands Bancs constituaient l'un des meilleurs lieux de pêche au monde.

LE SAVIEZ-VOUS?

Les souverains européens ne reconnaissaient pas les droits des autochtones et ils se permettaient de revendiquer tout territoire et de s'approprier tous biens. Aujourd'hui encore, les autochtones tentent de récupérer les terres de leurs ancêtres et de réclamer leur droit de chasser et de pêcher.

Les pêcheurs venaient d'Europe pour pêcher dans les Grands Bancs, au large de Terre-Neuve.

Le second voyage de Cabot

Lorsque Cabot est retourné à Bristol, en Angleterre, au mois d'août, les marchands étaient déçus qu'il n'ait rapporté ni soie, ni épices, ni or. Le roi Henri VII, pour sa part, jubilait, car il était persuadé que l'Angleterre possédait maintenant une partie de l'Asie. Cabot, quant à lui, a reçu une récompense de 10 livres (ce qui équivaut à 15 000 $ aujourd'hui) ainsi qu'une pension de 20 livres par année. Le roi lui a également fourni cinq bateaux et les fonds nécessaires pour entreprendre un second voyage vers Terre-Neuve en 1498.

« LE POISSON EST SI ABONDANT DANS CETTE PARTIE DE L'OCÉAN QU'ON N'A QU'À PLONGER UN PANIER DANS L'EAU POUR FAIRE UNE BELLE PRISE. »

John Cabot

Rumeurs et mensonges

La plupart des historiens affirment que Cabot et son équipage se sont perdus en mer en explorant la côte est du Canada. D'autres prétendent qu'il est bel et bien retourné en Angleterre, mais qu'on l'a vite oublié puisqu'il avait échoué dans sa tentative de rapporter des richesses. L'un des fils de Cabot, Sébastien, a rendu la situation encore plus confuse en s'attribuant les découvertes de son père, mais les historiens ont décelé le mensonge.

Il reste que Terre-Neuve n'avait ni or ni épices à offrir. L'Angleterre a perdu tout intérêt pour l'exploration en Amérique du Nord pendant quelques centaines d'années, jusqu'au jour où la pêche et le commerce de la fourrure sont devenus rentables.

Un secret bien gardé

Il est possible que des pêcheurs anglais aient découvert les Grands Bancs bien des années avant Cabot, mais ils ont gardé le secret. Une lettre non datée, rédigée en espagnol par un marchand de Bristol nommé John Day et adressée à Colomb (ci-dessous), y fait allusion. Day comptait des partenaires commerciaux en Espagne et il était probablement dans son intérêt d'informer Colomb de la découverte d'une île par Cabot à l'ouest de l'océan Atlantique.

La lettre de Day, retrouvée en 1955, a fourni des renseignements supplémentaires à propos des expéditions anglaises vers l'ouest. Elle laisse aussi entendre que les pêcheurs de Bristol auraient pu avoir découvert ce même lieu « autrefois ».

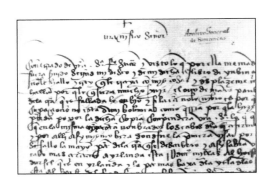

TECHNOLOGIE DE L'EXPLORATION I : LES INSTRUMENTS DE NAVIGATION

Les explorateurs qui osaient s'aventurer en haute mer au-delà des points de repère familiers se devaient d'être d'habiles navigateurs. Alors que les navigateurs d'aujourd'hui consultent les transmissions par satellite pour calculer leur position en mer, les premiers explorateurs déterminaient la position du soleil et des étoiles à l'aide d'instruments d'astronomie pour se guider. Leurs observations du temps, des vents et de l'eau leur facilitaient également la tâche.

Le compas
Il y a 1 000 ans, les marins chinois ont eu l'idée de suspendre un morceau de fer magnétique sur un cadran indiquant le nord, le sud, l'est et l'ouest. Les Européens ont découvert cet instrument qu'on appelle un compas quelque 200 ans plus tard. Encore aujourd'hui, le compas permet aux navigateurs de s'orienter peu importe le temps qu'il fait, et ce, jour et nuit, car son aiguille indique toujours le nord.

Le quadrant
Dans les années 1400, l'un des premiers instruments utilisés pour mesurer la latitude était en forme de quart de cercle et gradué en degrés comme un rapporteur d'angle. Les navigateurs alignaient la mire du quadrant avec l'étoile Polaire et déterminaient la latitude du bateau d'après la position du fil à plomb sur l'arc.

L'arbalète
Puisqu'on pouvait facilement fabriquer l'arbalète avec du bois, son usage s'est largement répandu dans les années 1400. On mesurait la latitude en faisant glisser la traverse de sorte que son extrémité inférieure s'aligne avec l'horizon et son extrémité supérieure, avec l'étoile Polaire.

La latitude : à quelle distance du pôle Nord ou du pôle Sud ?

Les navigateurs utilisent les parallèles tracés sur une carte pour calculer la distance qui les sépare de l'équateur, ligne imaginaire divisant la Terre en deux à mi-chemin entre les pôles Nord et Sud. L'angle entre l'horizon et l'étoile Polaire, qui occupe une position fixe au-dessus du pôle Nord, change selon la latitude du bateau. C'est également vrai dans le cas du soleil de midi. Afin de déterminer la position de leur navire à l'aide de ces mesures angulaires, les explorateurs devaient être de relativement bons mathématiciens.

L'astrolabe

D'abord utilisé par les Arabes vers l'an 1300 pour les aider à trouver leur route dans le désert, l'astrolabe a ensuite été adopté par les pays européens comme instrument de navigation. Parce qu'il était suspendu par un anneau, c'est la pesanteur qui se chargeait d'aligner l'astrolabe. Par conséquent, il n'était pas nécessaire de voir l'horizon pour s'en servir. L'aiguille en métal pouvait être pointée vers l'étoile Polaire même par les nuits les plus noires, mais seulement sur une mer paisible.

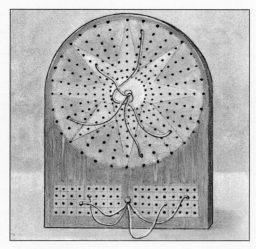

Le renard

Les explorateurs ont utilisé le renard jusque dans les années 1700. Il s'agissait d'une planche de bois circulaire marquée de trous correspondant à chaque point de la boussole et qui permettait de garder le cap. Chaque demi-heure, on devait insérer une cheville dans l'un des trous. Pour ne pas perdre la notion du temps, le mousse se servait d'un sablier.

Le chronomètre

En 1761, l'horloger britannique John Harrison a inventé le chronomètre. Il a travaillé pendant plus de cinquante ans pour perfectionner cet instrument qui fonctionnait sans pendule. Le chronomètre pouvait être utilisé en mer pour mesurer la longitude.

Le sextant

Au milieu du XVIIIe siècle, les Britanniques ont fabriqué le sextant, qui était une version améliorée du quadrant. Il était constitué d'un agencement de miroirs et d'un bras mobile qui permettaient de déterminer la latitude d'un bateau avec beaucoup de précision. Tout comme un chronomètre mesure la vitesse à un centième de seconde près, le sextant calcule la latitude à un centième de degré près.

La longitude : à quelle distance vers l'est ou vers l'ouest ?

Le problème consistant à mesurer la longitude sur une carte demeurait difficile à résoudre. Durant des siècles, les navigateurs ont calculé la distance parcourue « à l'estime ». Cela signifie qu'ils évaluaient la vitesse du bateau en lançant des morceaux de bois par-dessus bord et en utilisant un sablier pour calculer le temps qu'il fallait au bateau pour les dépasser. Les marins se servaient ensuite de la vitesse obtenue pour déterminer la distance franchie depuis leur départ.

Malgré tout, il demeurait ardu de mesurer le temps et la vitesse. Les premières horloges fonctionnaient grâce au mouvement régulier d'un pendule et on ne pouvait s'y fier en raison du tangage et du roulis des navires.

L'ARRIVÉE DES PORTUGAIS

À partir des années 1440, les navigateurs portugais se sont aventurés de plus en plus loin sur l'océan Atlantique. Ils étaient d'excellents marins et ils ont découvert et colonisé des îles au milieu de l'Atlantique, les Açores, à mi-chemin entre le Portugal et le Canada. Il existe peu de documents écrits sur ces voyages car un grand nombre de ces explorateurs se sont perdus en mer.

L'objectif principal du Portugal, dans les années 1500, consistait à explorer des routes commerciales le long de la côte africaine jusqu'en Inde. Mais des explorateurs qui souhaitaient naviguer au-delà des Açores, accompagnés de chasseurs de baleine basques espagnols et de pêcheurs britanniques et français, ont développé l'industrie de la pêche sur la côte est du Canada.

Les Portugais ont construit de solides navires appelés caravelles pour explorer l'océan Atlantique.

La disparition des deux frères

L'année suivante, les frères Corte Real ont mené un convoi de trois navires jusqu'à Terre-Neuve. Le bateau que commandait Gaspar n'est toutefois jamais revenu. Les deux autres sont rentrés au port avec à leur bord 57 hommes et une femme qui avaient été capturés pour servir d'esclaves. Les historiens croient qu'il s'agissait probablement de Béothuks, les autochtones de Terre-Neuve. Miguel est reparti au large à la recherche de son frère, mais il s'est également perdu en mer.

Le Labrador

Joao Fernandes, un navigateur des Açores, était connu sous le nom de *lavrador*, qui signifie « petit propriétaire foncier ». Il faisait le commerce avec les marchands de Bristol, en Angleterre, et il est probable que Fernandes a fait le voyage à Terre-Neuve en compagnie de John Cabot. Vers 1500, Fernandes a atteint le Groenland et l'a baptisé *Tiera del lavrador* (terre du propriétaire foncier). Plus tard, le nom a servi à nommer la région du Canada qu'on appelle le Labrador.

Les Corte Real

Gaspar Corte Real et son frère Miguel (à droite) étaient également originaires des Açores. Gaspar naviguait au nom du roi du Portugal, Manuel Ier, qui lui avait donné la permission d'explorer et de revendiquer de nouvelles terres dans la région de l'Atlantique Nord. En 1500, il a atteint le Groenland, puis Terre-Neuve.

Pour harponner la baleine franche, les chasseurs de baleine se déplaçaient à bord de petits bateaux appelés doris.

La découverte du poisson

Les explorateurs portugais ont bientôt constaté que Terre-Neuve, même si elle ne faisait pas partie de l'Asie, avait quand même un trésor à offrir : le poisson. Les eaux côtières regorgeaient de morue, ce grand poisson à chair blanche et ferme facile à pêcher. La demande de poisson était très forte en Europe puisque la plupart des gens qui y vivaient étaient chrétiens et que leur religion leur interdisait de manger de la viande 160 jours par année. Le poisson constituait un substitut de viande populaire ces jours-là.

Les Portugais et les Basques ont découvert que la morue, une fois recouverte de sel, pouvait se conserver durant le long voyage de retour sur l'Atlantique. Les pêcheurs portugais sont accourus pour profiter de cette ressource abondante.

La colonie de l'île du Cap-Breton

En 1520, Joao Alvarez Fagundes a exploré la côte sud de Terre-Neuve. Les historiens croient qu'il aurait pu établir une colonie sur la côte de l'île du Cap-Breton.

Les chasseurs de baleine

Durant au moins cent ans, les chasseurs de baleine de la France et de l'Espagne ont organisé une expédition annuelle dans le détroit de Belle-Isle, entre le Labrador et Terre-Neuve. Ils chassaient la baleine à fanons et la baleine franche pour leur huile, qu'on utilisait comme combustible de chauffage en Europe. Au cours des années 1500, des milliers de baleines ont été tuées.

La baleine franche

La chasse à la baleine a toujours été une activité dangereuse. Les Inuits chassaient dans des kayaks, tandis que les Européens utilisaient de petites embarcations non pontées. Une fois la baleine harponnée, les chasseurs devaient tenir bon jusqu'à ce que l'animal s'épuise.

La baleine préférée des chasseurs était énorme et nageait lentement. Mieux encore, elle flottait une fois morte. À cause de ces caractéristiques, la baleine franche a été surnommée « *the right whale* » et a été chassée jusqu'à sa quasi-extinction. Elle est aujourd'hui une espèce protégée.

L'histoire se poursuit

Situé à Red Bay, au Labrador, le plus grand port baleinier au monde au cours du XVIe siècle est maintenant un lieu historique national. Les visiteurs peuvent y admirer la reconstitution d'un port baleinier ainsi qu'un baleinier de plus de 500 ans.

JACQUES CARTIER

Lorsque la France a eu vent de la découverte de John Cabot concernant l'abondance de poisson à Terre-Neuve, de nombreux pêcheurs se sont précipités pour explorer les Grands Bancs. Parmi eux se trouvait un jeune garçon nommé Jacques Cartier qui a accompagné son père à plusieurs reprises lors de ces voyages de pêche. Il s'est longtemps demandé ce qu'il pouvait bien y avoir au-delà de la côte lointaine de Terre-Neuve. Un jour, devenu capitaine de son propre bateau, Cartier explorera la terre qui l'a tant fasciné.

En comparaison de l'Angleterre, du Portugal et de l'Espagne, la France tarde à envoyer des explorateurs vers le Nouveau Monde. Le roi de France décidera finalement qu'il ne veut pas être en reste en ce qui a trait à la recherche d'une route vers l'Asie ou à la découverte des richesses du Nouveau Monde.

Le voyage de Verrazzano

En 1523, le roi de France, François Ier, a envoyé le navigateur italien Giovanni de Verrazzano explorer la côte, de la Floride des temps modernes jusqu'à Terre-Neuve, dans l'espoir qu'il découvre une route vers l'Asie. Verrazzano a dressé la carte de cette côte jusqu'alors inconnue sur 3 220 kilomètres et a prouvé que l'Amérique du Nord était un continent, et non un groupe d'îles comme le croyaient beaucoup de gens. Toutefois, il n'a pas réussi à trouver la route vers l'Asie.

Dans son journal de bord, Verrazzano (ci-dessus) a décrit des autochtones accueillants qui lui ont offert de fumer le calumet de la paix, ce qui lui a paru étrange puisqu'il n'avait encore jamais vu de tabac. Malheureusement, Verrazzano les a remerciés de leur hospitalité en kidnappant un garçon autochtone qu'il a ramené avec lui pour le montrer au roi.

Des histoires de pêcheurs

Il s'est écoulé dix ans avant que le roi de France ne finance un autre voyage d'exploration en Amérique du Nord et c'est Jacques Cartier qu'il a choisi pour mener cette expédition. François Ier avait entendu des histoires de pêcheurs français qui parlaient d'un grand cours d'eau au-delà de Terre-Neuve. Il s'est dit que Cartier, un ancien pêcheur qui connaissait Terre-Neuve, saurait le trouver. S'agissait-il d'une voie qui menait à la route vers l'Asie ?

En arrivant à Terre-Neuve, Cartier a aperçu des animaux qu'il n'avait jamais vus auparavant.

Le premier voyage de Cartier

Cartier a mis le cap sur Terre-Neuve en 1534 et, à son arrivée, il en a contourné l'extrémité nord. Dans ces eaux inconnues, les navigateurs guettaient les monstres marins. Ce sont pourtant des animaux qu'ils ne connaissaient pas qu'ils ont aperçus : fous de Bassan, grands pingouins (aujourd'hui disparus), ours polaires et morses.

Lorsque Cartier est parvenu à un canal qui s'étendait vers l'Ouest, il espérait avoir trouvé le passage vers l'Asie. Il s'agissait plutôt d'une voie navigable qui sépare le Labrador et Terre-Neuve, maintenant appelé le détroit de Belle-Isle.

La rencontre avec les Micmacs

Cartier a pénétré dans ce qu'il décrivait comme une « grande baie » (le golfe du Saint-Laurent ou embouchure du fleuve) et il a débarqué sur les côtes de l'Île-du-Prince-Édouard, du Nouveau-Brunswick et de la péninsule de Gaspé, au Québec. Dans une baie qu'il a baptisée baie des Chaleurs (c'était par une chaude journée d'été), Cartier et son équipage ont été encerclés par une cinquantaine d'autochtones à bord de canots faits d'écorce de bouleau. Nerveux, Cartier a tiré deux coups de fusil, ce qui les a fait battre en retraite. Pourtant, le lendemain, les Micmacs sont revenus, brandissant des fourrures qu'ils ont échangées contre des haches, des perles, des peignes et des couteaux.

La rencontre avec les Iroquois

Quelques jours plus tard, dans la baie de Gaspé, les Français ont été accueillis par plus de 200 membres d'une autre tribu, les Iroquois. Ces derniers avaient quitté leur village, Stadacona, où se trouve aujourd'hui la ville de Québec, pour aller pêcher. Les deux groupes ont partagé un festin, mais l'atmosphère a vite changé lorsque les hommes de Cartier ont érigé une croix haute de neuf mètres sur laquelle on pouvait lire : « Vive le roi de France ! »

Le chef des Iroquois, Donnacona, a compris que les Français revendiquaient la terre qui revenait de droit à son peuple. Il s'est dirigé vers le bateau français en compagnie de ses deux fils en signe de protestation. Cartier a réussi à faire monter à bord les deux fils du chef, Domagaya et Taignoagny, et il leur a remis de beaux habits. Il a fait comprendre à Donnacona qu'il souhaitait les amener en France pour les présenter au roi, mais qu'il les ramènerait au printemps suivant. Donnacona n'avait d'autre choix que de les laisser partir.

« C'EST LA PLUS BELLE ÉTENDUE DE TERRE QUE L'ON PUISSE IMAGINER, PLEINE DE BEAUX ARBRES ET DE PRAIRIES. »

Jacques Cartier, décrivant l'Île-du-Prince-Édouard

Cartier fait la connaissance des Iroquois à Hochelaga.

Hochelaga

Le Royaume du Saguenay

On a enseigné le français à Domagaya et Taignoagny, les deux fils de Donnacona, afin qu'ils puissent servir de guides et d'interprètes à Cartier. Ils ont révélé au roi François Ier l'existence d'une terre riche en or, en argent et en cuivre appelée « le Royaume du Saguenay » et située au-delà de la « rivière du Canada ». C'est tout ce que le roi de France avait besoin d'entendre. Il a demandé à Cartier de retourner là-bas pour un séjour de plus d'un an dans l'espoir qu'il en rapporte des trésors.

Le second voyage de Cartier

En 1535, Domagaya et Taignoagny ont guidé Cartier vers la rivière du Canada, qu'il a alors rebaptisée fleuve Saint-Laurent. À leur arrivée à Stadacona, Donnacona a tenté de dissuader les Français de continuer à remonter le fleuve, car il voulait conserver le monopole du commerce avec les Français. Cartier et 35 de ses hommes sont pourtant partis vers Hochelaga, où est situé Montréal aujourd'hui.

Hochelaga était un imposant village entouré d'une palissade et comptant 2000 Iroquois. Pourtant, Cartier a été déçu de n'y trouver que des champs de maïs, des vêtements de fourrure et des bijoux faits de coquillages au lieu de l'or, de l'argent, de la soie et des épices qu'il cherchait. Après être monté au sommet d'une montagne avoisinante, le mont Royal, il a pu apercevoir les rapides qui empêcheraient son bateau d'aller plus loin.

Confiance et trahison

À la fin de l'hiver, la plupart des Français établis à Stadacona souffraient d'une maladie appelée le scorbut. Vingt-cinq d'entre eux en étaient morts. Domagaya a sauvé le reste des hommes en leur administrant un remède mis au point par les autochtones pour contrer cette maladie. Il s'agissait d'une tisane de cèdre blanc, l'*annedda*. Au retour du printemps, Cartier a décidé de rentrer en France.

Avant de partir, Cartier a enlevé dix Iroquois, dont le chef Donnacona. Il les considérait comme des trophées qu'il souhaitait présenter au roi et il espérait que les récits de Donnacona à propos des trésors du Royaume du Saguenay inciteraient le roi à financer une autre exploration. Cartier avait promis de ramener les Iroquois chez eux, mais ils sont tous morts en France.

Le troisième voyage de Cartier

La troisième expédition, en 1541, n'était pas uniquement un voyage d'exploration, mais aussi l'occasion d'établir une colonie française dans le Nouveau Monde. S'il y avait des richesses en Amérique du Nord, semblables à celles découvertes par les Espagnols en Amérique du Sud, la France voulait s'assurer d'y avoir une colonie qui faciliterait la revendication du territoire et qui servirait de poste de base pour une exploration plus poussée. Un gentilhomme, le sieur de Roberval, a été désigné responsable de l'expédition,

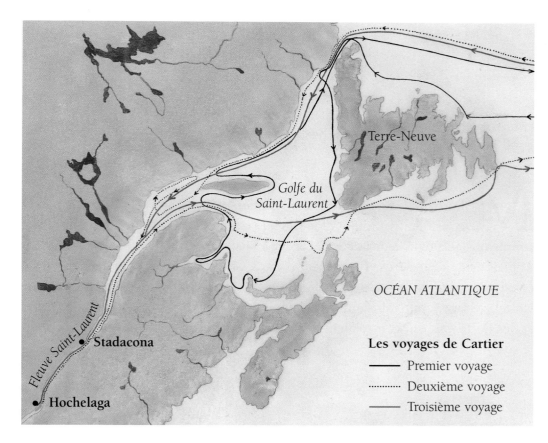

Terre-Neuve

Golfe du Saint-Laurent

OCÉAN ATLANTIQUE

Fleuve Saint-Laurent

• **Stadacona**

• **Hochelaga**

Les voyages de Cartier
—— Premier voyage
·········· Deuxième voyage
—— Troisième voyage

tandis que Cartier avait pour tâche de poursuivre l'exploration afin de découvrir les richesses qui, selon son prisonnier, Donnacona, existaient bel et bien.

Les diamants du Canada

La nouvelle colonie a été établie près de Stadacona. Cartier y a découvert des rochers brillants qu'il a pris pour des pierres précieuses. Avant d'en avoir extrait la quantité qu'il désirait rapporter en France, Cartier a dû endurer un hiver rigoureux et repousser les attaques des Iroquois devenus hostiles. Le printemps venu, Cartier est reparti avec un navire chargé « d'or et de diamants ». Mais sa cargaison, en fin de compte, ne contenait rien de plus que de la pyrite et du quartz.

La majorité des colons recrutés par Roberval n'étaient pas préparés aux rigueurs de l'hiver ni aux assauts des Iroquois et ils sont rentrés en France un an plus tard. Roberval a annoncé que la colonisation avait échoué. Cependant, il avait cruellement laissé quelques colons derrière lui.

MARGUERITE DE LA ROCQUE

Alors que les colons se rendaient à Stadacona au cours de l'été 1542, Roberval a été outré de découvrir qu'il y avait une liaison amoureuse entre sa nièce célibataire, Marguerite de La Rocque, et l'un de ses jeunes matelots. Roberval a expulsé sa nièce du bateau en compagnie de sa servante âgée et les a abandonnées sur une île rocheuse, l'île des Démons, sur la rive nord du fleuve Saint-Laurent. L'amoureux de la jeune femme est sauté du navire pour la rejoindre et ils ont eu un bébé quelque temps plus tard. En raison des bruits sinistres que faisait le vent en soufflant autour des falaises abruptes de l'île, les pêcheurs étaient généralement trop superstitieux pour s'en approcher. Au bout de deux ans, le capitaine d'un bateau a finalement remarqué un signal de fumée. Seule Marguerite de La Rocque avait survécu.

Les Iroquois soupçonnaient les Français de leur avoir transmis une maladie mystérieuse, probablement la petite vérole.

LE PASSAGE DU NORD-OUEST

Même s'ils y avaient trouvé du poisson, des fourrures et du bois, les explorateurs considéraient toujours le Canada comme un simple obstacle dans leur quête d'accéder à l'Est. Les Anglais espéraient découvrir une route via le Canada; c'est ce qu'ils appelaient le passage du Nord-Ouest vers l'Asie. Un tel passage serait suffisamment éloigné des Espagnols et des Portugais, qui contrôlaient déjà les routes vers le sud.

Personne ne pouvait affirmer qu'il existait réellement un passage du Nord-Ouest, mais bon nombre de gens croyaient que le Nord du continent était constitué d'îles et qu'il devait y avoir une voie permettant de les contourner. La recherche du passage du Nord-Ouest a duré plusieurs centaines d'années et a coûté des milliers de vie. De nombreux explorateurs se sont perdus dans les glaces et sont morts de froid ou de faim; d'autres ont fait naufrage à cause des icebergs.

L'explorateur pirate

Martin Frobisher était toujours à l'affût de nouveaux moyens de faire de l'argent. Il a même été pirate durant quelques années. Toutefois, après avoir lu le livre de Gilbert sur le passage du Nord-Ouest, Frobisher (ci-dessous) était bien déterminé à devenir un explorateur et à trouver une voie en Amérique du Nord qui mènerait à l'Asie.

La théorie de Gilbert

Humphrey Gilbert était un soldat et un navigateur anglais qui croyait en l'existence d'un passage du Nord-Ouest. En 1756, il a écrit un livre intitulé *Discours tendant à prouver qu'il existe un passage pour aller au Cathay* (Chine).

Gilbert n'a jamais pu vérifier sa théorie, mais il a atteint Terre-Neuve en 1583 (ci-dessus). Lorsqu'il est entré dans le port de ce qui est aujourd'hui Saint-John, il a compté 34 bateaux de pêche venant de nombreux pays d'Europe. Gilbert a revendiqué le territoire au nom de la reine Élizabeth Ire avec une telle autorité que les capitaines des autres bateaux ont tous obéi quand il a exigé qu'ils lui paient une taxe.

Un seul de ses navires, le *Golden Hind*, est retourné en Angleterre, mais Gilbert n'était pas à bord. Il avait insisté pour demeurer sur le plus petit vaisseau, le *Squirrel*, et ce dernier a été englouti par les vagues.

En 1576, Frobisher a navigué à l'ouest du Groenland et a découvert une voie navigable qu'il a prise pour le passage du Nord-Ouest. Il l'a nommée le détroit de Frobisher. Persuadé d'avoir atteint l'Asie, Frobisher a rapporté en Angleterre des roches qui contenaient des particules de métal qu'il croyait être de «l'or asiatique».

LE SAVIEZ-VOUS?

Comme Martin Frobisher, nombreux sont ceux qui se sont laissé tromper par des rochers qui scintillaient. Ce chatoiement est causé par les particules de mica, un minerai qui était utilisé pour fabriquer les premiers miroirs. La pyrite que Frobisher a rapportée en Angleterre, quant à elle, a servi à paver les rues de Londres.

De retour pour l'or

Frobisher est immédiatement retourné au Canada, mais cette fois, il ne s'est pas donné la peine de chercher un passage. C'est de l'or qu'il espérait trouver. Il avait amené avec lui 150 mineurs (ci-dessus) et il est reparti avec 200 tonnes de rochers précieux.

Pour prouver qu'il avait découvert l'Asie, Frobisher a capturé un homme, une femme et un enfant sur l'île de Baffin et les a emmenés en Angleterre. Un mois plus tard, tous trois étaient morts. Il s'agissait probablement d'Inuits, mais les Anglais les ont pris pour des Asiatiques.

Le dernier voyage

Frobisher est revenu au Canada en 1578, avec une flotte de 15 navires, 300 mineurs et les provisions nécessaires pour établir une colonie. Il a perdu tellement de bateaux et d'hommes à cause du mauvais temps qu'il n'était plus possible de fonder une colonie. Cependant, cela ne l'a pas empêché de commencer à extraire le minerai.

Lorsque Frobisher est rentré en Angleterre avec tous ces rochers, il a appris que les tests effectués pendant son absence avaient révélé qu'il s'agissait de simple pyrite. Il a vite quitté le pays et il est retourné à ses activités de pirate.

Auteur et inventeur

Financé par des marchands de Londres, en Angleterre, John Davis a effectué trois voyages entre 1585 et 1587 dans le but de trouver le passage du Nord-Ouest. Davis a dessiné la carte de la quasi-totalité de la côte arctique en plus d'écrire sur les conditions climatiques et les Inuits. Son livre, *Seaman's Secrets* (ci-dessus), était l'un des préférés des marins. Davis s'est également illustré en inventant le compas quart de cercle, un instrument de navigation qui était la version améliorée de l'arbalète (voir page 14).

Néanmoins, les efforts de Davis pour découvrir le passage du Nord-Ouest ont été vains. Il a passé le reste de sa vie à explorer l'océan Pacifique Sud, où il a été assassiné par des pirates japonais en 1605.

L'un des navires de Frobisher, prisonnier des glaces.

TECHNOLOGIE DE L'EXPLORATION II:
LA CONSTRUCTION NAVALE

L es navigateurs voyageant désormais de plus en plus loin, la construction navale se devait d'évoluer. La traversée de l'océan exigeait des navires plus gros et plus solides que ceux qui avaient servi à explorer la côte de l'Europe. L'évolution de la construction navale, la modification de la voilure et surtout l'invention du gouvernail sont les principaux éléments ayant contribué à améliorer les conditions de navigation.

Le gouvernail

Pendant des siècles, les marins ont utilisé une rame de chaque côté du bateau pour garder le cap. Les Vikings ont été les premiers à se servir d'un seul aviron suspendu à tribord, c'est-à-dire du côté droit du navire. Vers 1250, cet aviron a évolué peu à peu en un gouvernail fixe en poupe. Puisqu'il pivotait autour un axe, le gouvernail permettait de diriger le bateau plus efficacement.

La voilure

Du XIIe au XIVe siècle, les bateaux du nord de l'Europe utilisaient une grande voile carrée qu'on pouvait raccourcir par mauvais temps ou faire pivoter pour qu'elle reçoive le vent. Les voiles triangulaires des navires du sud de l'Europe étaient plus efficaces pour manœuvrer le long des côtes.

À mesure que les bateaux sont devenus plus imposants, on a ajouté des mâts qui portaient les deux types de voiles : la voile carrée pour naviguer sur l'océan et les voiles triangulaires pour voguer sur les fleuves.

La construction navale

Les bateaux vikings étaient bordés à clins, c'est-à-dire que les planches de la coque se chevauchaient. De nos jours, cette méthode pour construire la coque d'un navire n'est employée que dans le cas des petits bateaux.

Dans les années 1400, les explorateurs et les marchands européens réclamaient des vaisseaux plus gros et plus rapides pour traverser l'océan. L'assemblage à franc-bord est devenu populaire. Il consistait à abouter les planches et à les boulonner à la quille, à la proue, à la poupe ou aux membrures.

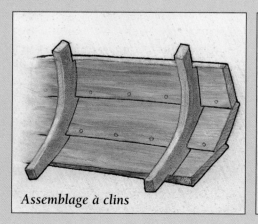

Assemblage à clins

Assemblage à franc-bord

La caravelle

Au début du XVe siècle, Henri le Navigateur, prince du Portugal, a inventé la caravelle pour mieux affronter les terribles tempêtes de l'Atlantique. Elle était bordée à franc-bord, avait une poupe carrée et un gouvernail fixe, de hauts ponts appelés châteaux à chaque extrémité, trois mâts et une combinaison de voiles carrées et triangulaires.

Les navires des explorateurs qui sont venus au Canada, le *Matthew* de Cabot, par exemple, étaient des caravelles. Même à l'époque, on les considérait comme de petits bateaux. Ils avaient à peu près la grandeur d'une grande péniche aujourd'hui. Leurs dimensions les rendaient faciles à manœuvrer.

Les dimensions des bateaux

Dans les années 1500, on mesurait les navires selon l'importance de la cargaison qu'ils pouvaient transporter. Une caravelle pouvait transporter entre 40 et 80 barils de vin ou de bière qu'on appelait des tonneaux, du mot espagnol *tonel*, pour baril. Sur un bateau, un tonneau de jauge brute représente une unité de mesure de volume équivalant à 2,83 m³ et non une unité de mesure de masse.

LE SAVIEZ-VOUS?

Puisque les cales des bateaux étaient remplies de provisions, les matelots n'avaient nulle part où dormir. Lorsque Christophe Colomb a décrit comment les autochtones des Antilles se servaient des hamacs, les marins européens en ont rapidement adopté le principe. Les hamacs s'installaient facilement le soir et se défaisaient rapidement le matin, en plus d'être confortables !

Une caravelle

La caraque

Pour les expéditions qui duraient plus de trois mois, les explorateurs optaient pour la caraque, plus grosse, qui pouvait contenir tous les vivres nécessaires pour un long voyage. La caraque de Jacques Cartier, la *Grande Hermine*, transportait entre 150 et 180 m³ de provisions, ce qui suffisait pour passer l'hiver au Canada.

Le galion

Aux XVIe et XVIIe siècles, le galion, plus gros et plus rapide que la caravelle ou la caraque, était utilisé par la plupart des flottes européennes. Il comptait quatre mâts et pouvait transporter six fois la cargaison d'une caraque. Armés de canons, les galions faisaient également office de bateaux de guerre. En 1577, Francis Drake a navigué autour du monde à bord de son galion, le *Golden Hind*, et il a exploré une partie de la côte ouest du Canada.

Le navire marchand

Ancêtre du pétrolier géant d'aujourd'hui, le navire marchand était un bateau destiné au commerce. Au XVIIIe siècle, l'*Endeavour* du capitaine James Cook était assez grand pour transporter tout l'équipement dont avaient besoin les scientifiques qui l'accompagnaient.

Un galion

SAMUEL DE CHAMPLAIN

Le roi de France, François Ier, a renoncé à l'idée d'établir une colonie dans le Nouveau Monde lorsque Cartier en est revenu, en 1542, sans les richesses espérées. Les pêcheurs français, qui continuaient à visiter la côte est du Canada, ont commencé à pratiquer le troc avec les autochtones et à rapporter des peaux d'ours et de castor. La fourrure était considérée comme un produit de luxe en Europe, et le fait de contrôler le Canada, d'où elle provenait, est devenu un nouveau moyen de faire de l'argent. L'intérêt de la France pour les territoires du Nouveau Monde se ravivait.

C'est à un homme exceptionnel, Samuel de Champlain, qu'on a confié l'établissement d'une colonie au Canada. Champlain possédait de multiples talents puisqu'il était non seulement soldat et capitaine de navire, mais aussi explorateur, géographe, cartographe, commerçant et auteur. Il s'est tellement dévoué pour la colonie du Québec qu'on l'a surnommé « le père de la Nouvelle-France ».

L'enseignement de la religion
Étant un homme très religieux, Champlain a cru qu'il était nécessaire de convertir les autochtones au christianisme. En France, cette façon de penser s'est répandue à un point tel que plusieurs religieux sont venus au Québec pour se consacrer à cette tâche (voir page 30). En 1642, on a fondé Montréal sous le nom de colonie missionnaire de Ville-Marie.

« SI BIEN QU'EN SE GOUVERNANT PAR LE MOYEN DES DITS SAUVAGES ET DE LEURS CANOTS, L'ON POURRA VOIR TOUT CE QUI SE PEUT, BON ET MAUVAIS, DANS UN AN OU DEUX. »

Extrait du livre de Champlain,
Des Sauvages

La Nouvelle-France
Champlain (ci-dessus) n'était pas un gentilhomme – ce qui était un net désavantage à cette époque – mais le fils d'un simple marin. Il est venu au Canada pour la première fois en 1603 ; en tant que soldat français, il prenait part à une expédition de traite de fourrure sur le fleuve Saint-Laurent.

En 1605, Champlain a participé à l'établissement d'un poste de traite de fourrure à Port-Royal, sur la rive nord de la Nouvelle-Écosse. Il a dressé des cartes détaillées des côtes de la Nouvelle-Écosse, du Nouveau-Brunswick et de la Nouvelle-Angleterre. Cependant, Champlain était persuadé que le meilleur endroit pour faire le commerce de la fourrure se trouvait dans les terres, le long du Saint-Laurent. En 1608, il y a donc érigé « l'Habitation », colonie située à Québec et qui est devenue le centre de la Nouvelle-France.

L'Habitation, à Québec

Amis et ennemis

Champlain était impatient d'explorer l'ouest du Québec et de conclure une entente concernant la traite de la fourrure avec les Hurons qui habitaient là. C'est la raison pour laquelle il a accepté, en 1609, de prendre part à une guerre (ci-dessus) contre leurs ennemis, les Iroquois. Sur le lac qui allait plus tard porter son nom, dans l'État de New York actuel, Champlain a abattu trois chefs iroquois avec son mousquet, une arme que les Iroquois n'avaient jamais vue auparavant. À partir de ce jour-là, les Iroquois sont devenus les ennemis des Français.

Perdu et retrouvé

En compagnie des Hurons, Champlain a voyagé en canot durant deux ans. Il est allé vers l'ouest jusqu'au lac Huron, puis il est revenu à Québec en 1616. En faisant du portage près de Green Lake, en Ontario, Champlain a laissé tomber son astrolabe (voir page 15). Un jeune garçon de ferme l'a retrouvé en 1867 et l'instrument se trouve maintenant au Musée canadien des civilisations, à Gatineau, au Québec.

Madame de Champlain

Lors d'un séjour en France en 1610, Champlain a épousé une jeune fille de douze ans, Hélène Boullé. Elle apportait beaucoup d'argent en dot, ce dont Champlain avait besoin pour financer ses voyages et sa colonie précaire. Hélène est cependant demeurée avec ses parents à cause de son jeune âge. Ce n'est que dix ans plus tard que Champlain a finalement emmené son épouse à Québec. Elle n'y est restée que quatre ans, préférant de beaucoup la vie à Paris.

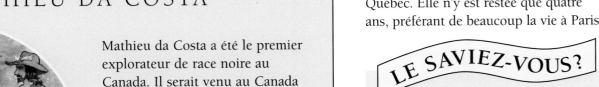

PORTRAIT

MATHIEU DA COSTA

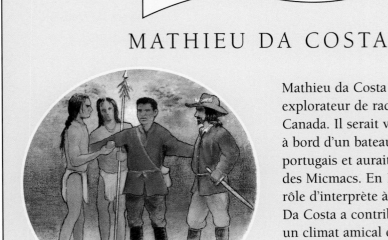

Mathieu da Costa a été le premier explorateur de race noire au Canada. Il serait venu au Canada à bord d'un bateau de pêche portugais et aurait appris la langue des Micmacs. En 1604, il jouait le rôle d'interprète à Port-Royal. Da Costa a contribué à instaurer un climat amical entre les Français et les Micmacs.

LE SAVIEZ-VOUS?

Samuel de Champlain est mort à Québec en 1635 et il a été enterré sous l'église Notre-Dame. On prétend que sa dépouille y repose toujours, mais elle n'a jamais été formellement identifiée.

HENRY HUDSON

À l'époque où Champlain remontait la rivière des Outaouais, Henry Hudson, un explorateur anglais, cherchait un passage vers l'Asie en Amérique du Nord. De 1607 à 1611, il a navigué au nom de la Hollande et de l'Angleterre.

Hudson avait la détermination et les habiletés nécessaires pour être un bon explorateur, mais il n'avait pas l'autorité d'un chef. Il n'était pas doué pour cerner la personnalité des gens et certains des hommes qu'il avait choisis pour faire partie de son équipage étaient des fauteurs de troubles. De plus, il était difficile de bien s'entendre avec Hudson, car il se montrait si obsédé par l'idée de trouver une route vers l'Asie qu'il en oubliait les besoins de ses hommes.

Les explorations de Hudson

Henry Hudson (ci-dessus) a fait quatre voyages en quatre ans dans l'espoir de trouver un passage menant à l'Asie. Les deux premières expéditions, financées par des marchands anglais, avaient pour but de trouver un passage du Nord-Est par le haut de l'Europe et de la Russie vers la Chine et le Japon. Les tentatives de Hudson ont échoué en 1607 et 1608 à cause des glaces et des forts vents, ce qui ne l'a pas empêché de se tailler une réputation d'explorateur audacieux jusqu'en Hollande.

Naviguer pour la Hollande

À l'occasion de son troisième voyage, en 1609, alors qu'il explorait pour un groupe de marchands ayant fondé la Compagnie des Indes néerlandaises, Hudson a changé de cap et a traversé l'océan Atlantique pour chercher un passage du Nord-Ouest en Amérique du Nord. Il a découvert une baie qui allait devenir le port de New York et a remonté la rivière qui porte maintenant son nom. Mais plus Hudson allait vers le nord,

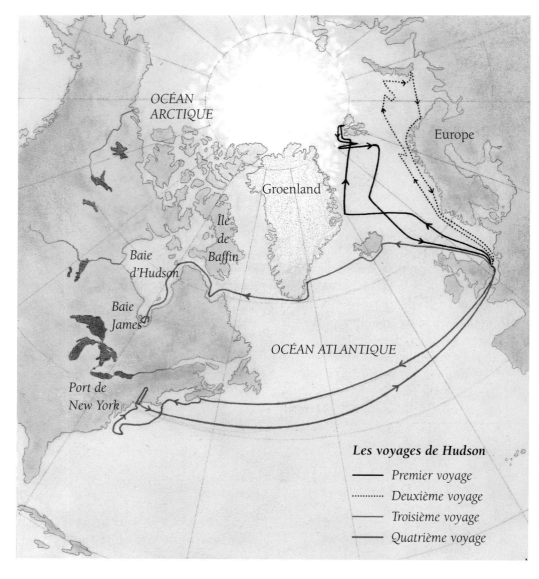

Les voyages de Hudson
—— Premier voyage
······ Deuxième voyage
—— Troisième voyage
—— Quatrième voyage

plus il était persuadé que cette route ne menait pas vers l'océan Pacifique et l'Asie. Il est donc retourné en Europe.

Parrainé par les Anglais de nouveau

En 1610, Hudson a dirigé son bateau, le *Discovery*, vers l'océan Arctique, au nord du Canada. Malgré des marées et des glaces traîtresses au sud de l'île de Baffin,

lui et son équipage ont navigué jusqu'à une grande étendue d'eau salée. Hudson a cru qu'il s'agissait du Pacifique, mais il avait plutôt découvert la baie d'Hudson. Après avoir exploré pendant plusieurs semaines ce qui allait plus tard devenir la baie James, il a abouti dans une impasse. L'hiver s'installait déjà et il était trop tard pour rentrer en Europe.

La mutinerie

La situation s'est détériorée. À cause de son humeur irritable et sévère, Hudson n'était pas un chef populaire et il ne pouvait même plus promettre un boni à ses hommes pour les inciter à continuer à chercher le passage du Nord-Ouest. Prisonniers des glaces sans assez de nourriture, les membres de l'équipage ont soupçonné Hudson et ses préférés de prendre plus que leur part. Lorsque le printemps est enfin revenu, les hommes ont craint que leur capitaine ne poursuive sa quête du passage du Nord-Ouest. Ils ont abandonné Hudson, son fils et six de ses alliés dans une chaloupe qu'ils ont laissée aller à la dérive (ci-dessus). Personne ne les a jamais revus.

> « LES PAUVRES HOMMES ONT TOUS ÉTÉ MIS DANS UNE CHALOUPE… ET LES MUTINS ONT COUPÉ LE CORDAGE QUI LA RELIAIT À LA POUPE DE NOTRE BATEAU. NOUS N'AVONS PAS REVU LA CHALOUPE ENSUITE. »
>
> *Abucok Prickett, survivant du dernier voyage de Hudson*

Le pardon

Le châtiment pour s'être emparé d'un bateau et en avoir expulsé le capitaine était la mort par pendaison. Pourtant, quand les mutins à bord du navire d'Hudson ont ramené le *Discovery* en Angleterre, ils ont été épargnés. Puisqu'ils avaient acquis de nouvelles connaissances sur l'océan Arctique au Canada, ils étaient trop précieux pour qu'on les pende.

L'exploration de la grande baie

De nombreux explorateurs ont suivi les traces d'Hudson, y compris Thomas Button, qui a navigué sur le *Discovery* l'année suivante dans l'espoir de retrouver Hudson, mais sans succès. En 1631, deux explorateurs anglais se sont croisés par hasard dans la baie d'Hudson. Ces rivaux cherchaient tous deux le passage du Nord-Ouest, mais ni Thomas James (d'où la baie du même nom) ni Luke « North-West » Fox ne l'ont trouvé. La carte du nord du Canada dressée par Fox a montré, à tort, qu'il n'y avait aucune possibilité qu'il existe un passage du Nord-Ouest. Les recherches ont donc cessé pendant plus d'un siècle.

L'histoire se poursuit

La baie d'Hudson et la baie James sont toujours des régions isolées, mais on peut maintenant s'y rendre en train. Les voyageurs montent à bord du *Polar Bear Express* à Cochrane, en Ontario, à destination de Moosonee, sur les rives de la baie James, ou à bord du *Hudson Bay*, de Winnipeg à Churchill, au Manitoba.

LES EXPLORATEURS MISSIONNAIRES

Les prêtres qui accompagnaient les explorateurs dans le Nouveau Monde, au début des années 1600, cherchaient à sauver des âmes chez les autochtones. Les croyances des jeunes hommes étaient si fortes qu'ils étaient prêts à endurer les pires épreuves, même à mourir pour leur cause.

Les prêtres ont voyagé jusque dans les régions reculées du Canada, mais ils n'auraient pas survécu sans l'aide des autochtones qui leur ont appris à pagayer, à marcher avec des raquettes et à survivre dans la forêt. Leurs récits de voyages et les cartes qu'ils ont dressées se sont révélées fort utiles pour les explorateurs qui ont suivi.

Les religions autochtones

Tous les autochtones avaient leur propre religion. Les prêtres ne remarquaient pas que bon nombre des rituels que pratiquaient les autochtones étaient semblables aux leurs. Par exemple, avant de descendre de dangereux rapides, les Hurons demandaient à leur dieu de les aider en saupoudrant des herbes spéciales dans la rivière. De leur côté, les prêtres demandaient à Dieu de protéger leurs forts en les aspergeant d'eau bénite.

Les Récollets

Les premiers prêtres venus au Canada ont été invités par Samuel de Champlain, en 1615. Les Récollets visitaient les villages hurons, mais ils ne disposaient pas du soutien financier nécessaire pour établir des missions permanentes.

Les Jésuites

Les Jésuites, membres d'un ordre plus important et plus riche, sont arrivés en Nouvelle-France en 1625 pour prendre la place des Récollets. Se joindre aux rangs des Jésuites équivalait à entrer dans l'armée. L'entraînement d'un prêtre jésuite était rigoureux et pouvait durer jusqu'à quinze ans.

En se déplaçant en pays huron, les Jésuites prêchaient le christianisme aux autochtones. Souvent, ils étaient les premiers Européens à se rendre aussi loin dans les terres et leurs registres minutieux ont aidé les cartographes à établir avec plus d'exactitude la carte de la Nouvelle-France.

Un prêtre jésuite explorant avec les autochtones.

Les missions

Les Jésuites ont installé des missions près des villages autochtones pour offrir de l'aide médicale et de l'éducation religieuse. La plus grande de ces missions était Sainte-Marie-au-pays-des-Hurons. Les prêtres, surnommés les Robes noires par les Hurons en raison de leur tenue vestimentaire, étaient porteurs de microbes sans le savoir. Les autochtones n'avaient aucune résistance contre les maladies des Européens et des milliers d'entre eux sont morts.

En 1639, ces maladies, et en particulier la petite vérole, avaient décimé la nation huronne, qui était passée de 25 000 à 9 000 personnes. De nombreux Hurons ont blâmé les Jésuites pour leurs souffrances.

Le prêtre explorateur

Le père Jacques Marquette était un prêtre jésuite qui s'est joint, en 1673, à l'explorateur canadien-français Louis Jolliet pour tenter de trouver un passage vers l'océan Pacifique. Chemin faisant, le père Marquette espérait baptiser des autochtones.

Les deux hommes, en compagnie de trois guides autochtones, ont ramé sur une distance de plus de 2 500 km en aval du fleuve Mississippi. Toutefois, ils ont été déçus de constater que celui-ci se jetait dans les eaux du golfe du Mexique, et non dans le Pacifique. Le père Marquette n'a jamais recouvré ses forces après cet éprouvant voyage et il a succombé à la fièvre typhoïde à l'âge de 38 ans.

LE PÈRE JEAN DE BRÉBEUF

Le père jésuite Jean de Brébeuf a passé 24 ans comme missionnaire au Canada. Expert de la langue et de la culture huronnes, il a érigé une mission nommée Sainte-Marie-au-pays-des-Hurons près de la baie Georgienne. Le père Brébeuf a même écrit le cantique *Noël huron*, qui est encore chanté aujourd'hui.

En 1649, les guerriers iroquois, qui se disputaient le contrôle du commerce de la fourrure avec les Hurons, ont capturé le père Brébeuf, un autre prêtre et tous les Hurons convertis. Tous ont été torturés à mort.

L'histoire se poursuit

Les Jésuites ont établi une mission fortifiée en construisant Sainte-Marie-au-pays-des-Hurons. En 1649, après seulement dix ans, ils ont préféré raser la mission plutôt que de la céder aux Iroquois qui les attaquaient. Aujourd'hui, il est possible de visiter la reconstitution de Sainte-Marie-au-pays-des-Hurons à Midland, en Ontario.

Les *Relations*

Les *Relations* des Jésuites étaient des rapports annuels envoyés en France décrivant dans les moindres détails les voyages et le travail des missionnaires chez les autochtones. Elles connaissaient beaucoup de succès en Europe en tant que littérature de voyage. Les *Relations* demeurent l'un des documents écrits les plus complets sur la vie au Canada tout au début.

Un prêtre jésuite prêchant à Sainte-Marie-au-pays-des-Hurons.

TECHNOLOGIE DE L'EXPLORATION III:
LA SURVIE EN RÉGION SAUVAGE

Iriez-vous jusqu'à manger vos chaussures si vous mouriez de faim? C'est pourtant ce que devaient faire les explorateurs de l'Arctique quand leurs provisions étaient épuisées. Les Européens qui imitaient la façon de faire des autochtones face aux problèmes que posaient les disettes, les rudes hivers et les nuées de moustiques avaient de meilleures chances de survivre. Ceux qui persistaient à croire qu'ils étaient supérieurs et que les autochtones ne pouvaient rien leur apprendre payaient souvent très cher leur entêtement, y laissant même leur vie.

Le canot en écorce de bouleau

Lorsque Samuel de Champlain est arrivé au Canada en 1603, il a vite compris que la seule façon d'explorer les rivières et les ruisseaux était d'utiliser les canots hurons faits d'écorce de bouleau. Ces embarcations légères pouvaient être manœuvrées à la pagaie et portées dans des eaux peu profondes, là où les plus gros bateaux ne pouvaient se rendre.

Les raquettes

Les raquettes étaient utilisées par presque toutes les tribus autochtones du Canada. Afin de ne pas enfoncer dans la neige molle, les autochtones ont eu l'excellente idée de répartir le poids d'une personne sur une plus grande surface que son seul pied. Pour déterminer la forme des raquettes, ils se sont inspirés des traces laissées par les animaux, notamment l'ours, le castor et le renard.

La grandeur des raquettes dépendait de l'épaisseur de la neige, mais elle variait aussi selon que les autochtones chassaient ou transportaient de lourdes charges. Des branches de frêne ou de pin constituaient la structure qui était maintenue en place par des lanières de cuir brut entrelacées. Les explorateurs européens se sont vite aperçus que le moyen idéal de se déplacer dans la neige épaisse était de chausser des raquettes.

Les toboggans

Les toboggans servaient à transporter des gens et des provisions sur la neige. Ils étaient faits de deux morceaux d'écorce cousus à l'aide de lanières de peau de daim. S'il n'y avait pas de bois disponible, une peau d'animal ou même un gros morceau de viande gelés pouvait faire l'affaire.

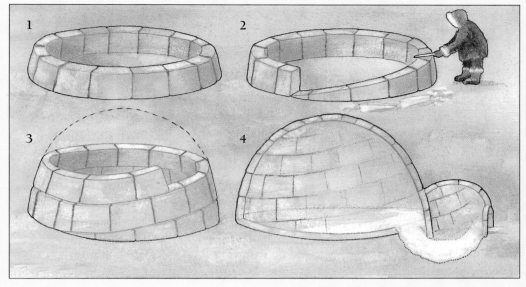

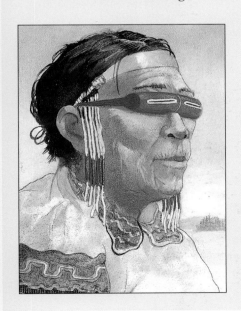

Les igloos

L'un des dangers qui guettaient les explorateurs de l'Arctique était de se faire surprendre par le blizzard. La solution consistait à tailler des blocs de neige et à construire une maison de neige que les Inuits appelaient «igloo». Un explorateur expérimenté pouvait en bâtir un (ci-dessus) en 20 à 30 minutes. La chaleur créée par la présence des gens dans l'igloo faisait fondre partiellement les murs intérieurs qui, se transformant ensuite en glace, rendaient l'igloo très solide.

Les caches

Les découvreurs voyageaient parfois durant plusieurs mois. Puisqu'ils ne pouvaient pas transporter suffisamment de vivres pour le voyage de retour, ils ont imité les autochtones qui avaient l'habitude d'entreposer de la nourriture et des provisions sous de gros tas de roches. Ces caches servaient également de point de repère. Robert Peary (voir page 48) a laissé plusieurs caches derrière lui lors de son périple au pôle Nord en 1909.

Le pemmican

Le pemmican, mot cri signifiant «nourriture graissée», a été le premier aliment «prêt-à-manger» au Canada. Les explorateurs apportaient souvent cette nourriture avec eux lorsqu'ils voyageaient, car cela leur évitait d'avoir à chasser. On fabriquait le pemmican avec de la viande d'ours, de bison ou d'orignal séchée qu'on pilait et qu'on mélangeait avec des baies et de la graisse avant de la mettre dans des sacs de cuir.

Non seulement la teneur en protéines d'un seul kilo de pemmican équivalait-

elle à celle de quatre kilos de viande fraîche, mais cet aliment avait aussi l'avantage de se conserver. Les peuples des Plaines préparaient le pemmican et en faisaient le commerce avec les explorateurs et les commerçants de fourrure.

La tripe de roche

Tout comme il leur arrivait de devoir manger des peaux d'animal et même leurs propres chaussures en cuir lorsqu'ils mouraient de faim, les explorateurs étaient parfois forcés à se nourrir d'une sorte de mousse ou de lichen qu'on appelait tripe de roche. Cette plante qui pousse sur les rochers dans l'Arctique leur fournissait suffisamment de protéines pour qu'ils puissent survivre.

La tripe de roche ressemble à de la laitue foncée et a un goût très amer. Il faut d'abord la faire bouillir, car sa forte teneur en acide peut incommoder les estomacs affamés. Un commerçant de la Compagnie de la Baie d'Hudson, Samuel Hearne, s'est souvent nourri de tripe de roche lors de son expédition à la rivière Coppermine en 1771.

«ILS AVANCENT AU MILIEU DE LA NEIGE AVEC UNE INCROYABLE RAPIDITÉ... ILS PLACENT SOUS LEURS PIEDS ET FIXENT À LEURS CHAUSSURES DE GRANDES SEMELLES À CLAIRE-VOIE.»

Description de raquettes tirée des Relations *des Jésuites.*

L'EXPLORATION ET LE COMMERCE DE LA FOURRURE

Au cours des XVIe et XVIIe siècles, il y avait en Europe un véritable engouement pour les chapeaux de castor. Afin de trouver suffisamment de fourrures pour satisfaire à la demande, on a dû poursuivre l'exploration du Canada, ce qui nécessitait du temps et de l'argent. Les commerçants de fourrure ont donc sollicité l'aide des rois d'Angleterre et de France. Ceux-ci ont permis que la Compagnie de la Baie d'Hudson et la Compagnie du Nord-Ouest étendent leurs activités un peu plus loin dans les terres du Canada.

Pendant 250 ans, la traite de la fourrure a fait travailler des milliers de personnes. Les rivières et les sentiers que les commerçants empruntaient étaient aussi achalandés que les autoroutes d'aujourd'hui. En fait, le tracé de l'autoroute transcanadienne correspond à celui des routes que sillonnaient les premiers commerçants de fourrure.

Les commerçants indépendants

Tout au début du commerce de la fourrure, les navires européens pénétraient dans l'embouchure du fleuve Saint-Laurent et les autochtones allaient à leur rencontre en canot pour échanger leurs fourrures contre des haches et des couteaux, entre autres. À mesure que la demande pour les fourrures augmentait, des commerçants indépendants qu'on appelait coureurs des bois ont commencé à voyager dans les terres.

Les voyageurs apportaient les fourrures au poste de traite de la Compagnie du Nord-Ouest à Fort William, sur la rive du lac Supérieur (où se trouve la ville de Thunder Bay aujourd'hui).

Radisson et Des Groseilliers

Durant l'été 1660, deux coureurs des bois, Pierre-Esprit Radisson et son beau-frère, Médard Chouart Des Groseilliers, sont arrivés à Montréal avec cent canots remplis de fourrures. Au lieu de faire leur éloge, le gouverneur de la Nouvelle-France a confisqué la majorité de ces fourrures parce qu'ils ne possédaient pas de permis pour en faire le commerce. Furieux, les deux hommes se sont tournés vers les marchands britanniques. Radisson et Des Groseilliers étaient persuadés qu'on pouvait faire fortune en naviguant jusqu'à la baie d'Hudson et en y installant des postes de traite de fourrure.

La terre de Rupert

Radisson et Des Groseilliers ont quitté l'Angleterre pour aller explorer la baie d'Hudson à la recherche de fourrures. Toutefois, Radisson a dû rebrousser chemin après avoir endommagé son bateau, l'*Eaglet*. De son côté, Des Groseilliers a fait de bonnes affaires

Le Nonsuch

et lorsqu'il est rentré en Angleterre, son navire, le *Nonsuch*, était rempli de fourrures. Ceci a convaincu le roi Charles II d'accorder son soutien financier au commerce de la fourrure. En 1670, le roi a cédé à son cousin, le prince Rupert, les droits de toutes les terres irriguées par des rivières qui se jetaient dans la baie d'Hudson, c'est-à-dire la moitié du Canada. Le prince Rupert a parrainé la nouvelle Compagnie de la Baie d'Hudson.

L'histoire se poursuit

Il est possible de voir une réplique exacte du bateau de Des Groseilliers, le *Nonsuch*, au Musée de l'homme et de la nature du Manitoba, à Winnipeg. Elle a été construite selon les méthodes du XVIIᵉ siècle et avec des outils de l'époque.

Commerçants de fourrure recherchés

En 1684, une annonce de la Compagnie de la Baie d'Hudson a convaincu le jeune Écossais Henry Kelsey de quitter sa famille et sa maison pour devenir commerçant de fourrure. Durant plus de 40 ans, il a été un employé dévoué de la Compagnie de la Baie d'Hudson.

Grâce à la facilité avec laquelle il apprenait les langues autochtones et à son intérêt pour leur mode de vie, Kelsey a été chargé d'encourager encore plus d'autochtones à apporter leurs fourrures aux postes de la Compagnie de la Baie d'Hudson. Il a été le premier Européen à passer une longue période dans les Prairies avec les peuples des Plaines.

• PORTRAIT •

ÉTIENNE BRÛLÉ

Étienne Brûlé a été le premier coureur des bois au Canada. Il n'avait que 14 ans lorsqu'il a navigué, en 1606, de la France jusqu'au Canada, avec Samuel de Champlain. À 16 ans, Brûlé a choisi de vivre avec les Hurons et il est devenu un habile rameur. Il a même appris à franchir des rapides en canot. Enfin, il maîtrisait parfaitement la langue huronne.

Voyageant en canot avec les Hurons, Brûlé a été le premier Européen à atteindre les Grands Lacs. Plus tard, Champlain a eu recours aux talents d'interprète et de guide de Brûlé alors qu'il remontait la rivière des Outaouais et qu'il s'est rendu dans l'ouest jusqu'à la baie Georgienne, en Ontario.

Champlain s'est senti trahi par Brûlé car ce dernier a aidé les Anglais à vaincre les Français à Québec. Brûlé a été tué par les Hurons en 1633 en punition de sa trahison envers Champlain et de sa collaboration avec les Anglais.

Une famille d'explorateurs
Pierre La Vérendrye (ci-dessus) était un fermier de Québec qui, tout comme ses quatre fils, est devenu commerçant de fourrure et explorateur à la recherche d'une « mer de l'Ouest » en 1728. Il était persuadé que le lac Winnipeg, au Manitoba, menait à l'océan Pacifique. Afin de financer son expédition, La Vérendrye a érigé des postes de traite le long de sa route.

La Compagnie du Nord-Ouest
Au début, les commerçants indépendants français de Montréal se disputaient les fourrures avec la Compagnie de la Baie d'Hudson, sous autorité britannique. Après la chute de la Nouvelle-France aux mains de l'Angleterre, en 1759, ces commerçants se sont joints à une organisation constituée d'immigrants écossais pour former la Compagnie du Nord-Ouest. Les commerçants et les voyageurs qui travaillaient pour la Compagnie du Nord-Ouest étaient appelés *Nor'Westers*. Leur quartier général était situé à Montréal, mais leurs postes de traite, dont le nombre allait atteindre 342, étaient dispersés sur 4 300 kilomètres entre l'est et l'ouest du Canada.

PORTRAIT

FRANCES ANN HOPKINS

Même si les femmes autochtones se déplaçaient souvent avec leurs maris, il n'en était pas de même pour les Européennes. Une artiste nommée Frances Ann Hopkins était l'exception. Elle se rendait aux différents postes de traite avec son mari, qui travaillait pour la Compagnie de la Baie d'Hudson.

À l'occasion de ses voyages dans les terres en 1861 et 1869, Hopkins a peint de nombreux portraits de voyageurs à bord de leurs canots. Bien qu'elle n'ait vécu que huit ans au Canada, ses toiles sont toujours célèbres et sont exposées dans plusieurs galeries d'art.

Samuel Hearne
Samuel Hearne a parcouru le monde alors qu'il était mousse pour la marine britannique. À l'âge de 24 ans, il est devenu commerçant pour la Compagnie de la Baie d'Hudson. Hearne aimait les animaux et il gardait, au poste de traite de fort Prince-de-Galles, des aigles d'Amérique, des castors, des renards, des ducs, des lemmings et des visons (ci-dessus).

Dans le but de s'endurcir pour l'exploration de la rivière Coppermine (située dans les Territoires du Nord-Ouest actuels) où il espérait trouver du cuivre, Hearne a parcouru à pied les 485 kilomètres séparant deux forts de la baie d'Hudson, a campé dehors tout l'hiver et s'est entraîné à courir en raquettes.

Il a été déçu de n'y trouver, en 1771, « qu'un ramassis de roc et de gravier ». Il reste que Hearne a été le premier

Européen à atteindre l'océan Arctique par voie de terre.

Peter Pond

En 1778, l'Américain Peter Pond, de la Compagnie du Nord-Ouest, a été le premier commerçant de fourrure à voyager dans la région du lac Athabaska (dans le nord de l'Alberta d'aujourd'hui). La quantité de fourrures qu'il a rapportées ainsi que la qualité de celles-ci lui ont valu de devenir associé de la Compagnie.

Pond a tracé la carte de la région du bassin du Mackenzie en se basant sur les observations des autochtones et sur ses propres explorations. Malgré le succès de Pond en tant que commerçant, il a dû quitter la Compagnie en raison de son implication dans le meurtre de deux commerçants rivaux, employés de la Compagnie de la Baie d'Hudson.

Dangereusement populaire

On estime qu'il y avait dix millions de castors au Canada au début du commerce de la fourrure. Quand la demande a atteint son maximum, 100 000 peaux étaient expédiées en Europe. Le castor a été sauvé de l'extermination au cours des années 1800, lorsque les Européens se sont mis à préférer la soie à la fourrure.

LE SAVIEZ-VOUS?

Les femmes autochtones jouaient un rôle capital dans le commerce de la fourrure. En effet, elles construisaient les canots en écorce de bouleau et préparaient les peaux des animaux pour l'échange ainsi que la nourriture (le pemmican) destinée à être vendue aux explorateurs et aux commerçants.

L'histoire se poursuit

Au début des années 1800, les fourrures se faisaient rares et les commerçants américains commençaient à s'avancer en territoire canadien. Aussi, en 1821, la Compagnie de la Baie d'Hudson et la Compagnie du Nord-Ouest ont décidé de s'associer sous le nom de la Compagnie de la Baie d'Hudson. Cette société existe toujours aujourd'hui, mais ses postes de traite sont devenus les grands magasins « La Baie ».

L'EXPLORATION DE LA CÔTE OUEST

L'exploration de la côte ouest du Canada n'a pas connu de réel essor avant la fin du XVIIIe siècle. Les explorateurs russes, espagnols et britanniques souhaitaient s'approprier la côte du Pacifique au Canada et espéraient trouver un passage du Nord-Ouest. Le littoral sauvage était un bon endroit pour y établir des postes de traite, mais pas des colonies.

Les Européens croyaient pouvoir faire d'immenses profits en développant le commerce de la fourrure avec les autochtones de la côte Nord-Ouest. Les Russes ont été les premiers à explorer le nord de la côte. Les Espagnols sont ensuite venus de leur colonie au Mexique. Ce sont toutefois les Britanniques qui, grâce à leurs cartes détaillées de la côte, ont pu revendiquer le territoire.

Les expéditions de la Russie

En 1725, en parcourant l'extrême-nord de la Russie, l'explorateur danois Vitus Bering a découvert le détroit de Bering. Cette étroite étendue d'eau a prouvé que l'Asie et l'Amérique du Nord étaient deux continents distincts.

En 1741, Bering a navigué jusqu'en Alaska et a fait le commerce des peaux de loutre de mer avec les autochtones. Mais lorsque son navire a fait naufrage, lui et cinq de ses hommes sont morts du scorbut sur ce qui allait devenir plus tard l'île de Bering. Grâce à ses explorations, la Russie a revendiqué la côte de l'Alaska.

L'exploration de l'Espagne

Juan Pérez Hernández a été le premier Espagnol à explorer la côte du Pacifique Nord. En 1774, il a navigué jusqu'aux îles de la Reine-Charlotte, où il a rencontré le peuple haïda. Il a également fait du commerce avec les Nootka sur ce qu'on appellera par la suite l'île de Vancouver, puis il est retourné au Mexique.

Hernández est revenu l'année suivante, accompagné de Juan Francisco de la Bodega y Quadra. Leur tâche consistait à trouver les postes de traite russes et à en prendre officiellement possession au nom de l'Espagne. Leur mission a été couronnée de succès et Bodega y Quadra a dressé la carte de la côte de la Colombie-Britannique.

En explorant la côte ouest du Canada, les Européens ont fait la connaissance de nombreuses tribus autochtones.

Le bateau de Hernández a dû rentrer en Espagne avec des membres d'équipage blessés après une bataille contre les autochtones sur la côte de l'État de Washington actuel. Néanmoins, Bodega y Quadra a continué à naviguer le long des côtes de la Colombie-Britannique et de l'Alaska, établissant des cartes (voir page 40) et nommant des lieux géographiques.

LE SAVIEZ-VOUS?

Les premiers Chinois venus s'établir au Canada sont arrivés avec le commerçant de fourrure John Meares en 1778 afin de développer le commerce entre Canton, en Chine, et le poste de Meares, à Nootka Sound.

L'affaire de Nootka Sound

À la suite des explorations de George Vancouver, la Grande-Bretagne s'était emparée de la région de Nootka Sound, sur la côte de l'île de Vancouver. Cependant, les Espagnols la revendiquaient aussi. Lorsque John Meares, un commerçant britannique, y a établi un poste de traite en 1788, les Espagnols étaient prêts à déclarer la guerre à la Grande-Bretagne.

Le gouvernement britannique a mandaté Vancouver pour venir faire la paix avec l'Espagnol Bodega y Quadra, qui dirigeait les opérations dans la région de Nootka Sound. Les deux hommes sont devenus bons amis et Bodega y Quadra a permis aux Britanniques de rester.

Après des négociations entre Vancouver et Bodega y Quadra, la Grande-Bretagne et l'Espagne se sont enfin entendues pour se partager les activités commerciales sur la côte du Pacifique du Canada.

◆ PORTRAIT ◆

GEORGE VANCOUVER

L'Anglais George Vancouver était déterminé à commander son propre navire après avoir parcouru la côte nord-ouest du Canada en compagnie de James Cook (voir page 42) en 1778. Son objectif consistait à tracer une carte détaillée du littoral en suivant rigoureusement la moindre crique.

En 1791, Vancouver a quitté l'Angleterre avec 100 hommes répartis sur deux vaisseaux. Ils ont mis une année entière à contourner l'extrémité sud de l'Amérique du Sud avant d'atteindre le point de départ qu'ils avaient choisi pour leur carte, juste au nord de la baie de San Francisco.

Vancouver était minutieux. Un jour, lui et ses officiers ont ramé sur une distance de 1 540 kilomètres à l'intérieur d'un fjord pour bien identifier le littoral. Trois ans après son départ de l'Angleterre, Vancouver avait fait le relevé de la côte jusqu'à l'actuelle frontière entre la Colombie-Britannique et l'Alaska.

Bien que les cartes de navigation de Vancouver aient permis à l'Angleterre de s'établir sur la côte nord-ouest du Pacifique, Vancouver a passé les deux dernières années de sa vie à tenter de gagner de l'argent. Il a écrit le récit de ses expéditions, *A Voyage of Discovery*, mais il est mort en 1798 à l'âge de 40 ans, un mois avant la publication de son livre.

L'histoire se poursuit

Au mois d'août 1991, une équipe de chercheurs soviétiques et danois a trouvé et exhumé la tombe de Vitus Bering. Jusqu'alors, son apparence physique était demeurée un mystère. En utilisant le crâne de Bering comme guide, les experts médico-légaux ont réussi à reconstituer son visage.

TECHNOLOGIE DE L'EXPLORATION IV:
LA CARTOGRAPHIE

Depuis l'époque préhistorique, les humains ont éprouvé le besoin de dresser des cartes des lieux où ils vivaient. Les premières cartes prenaient la forme de vagues esquisses sur le sable, la neige ou les murs des cavernes. À mesure que les gens sont devenus plus habiles, les cartes ont été gravées dans la pierre ou le bois et peintes sur des peaux d'animaux.

Plus tard, des instruments tels que le compas et le sextant (voir pages 14 et 15) ont été utilisés pour relever l'emplacement de lieux donnés d'après la latitude et la longitude. Certaines découvertes figurant sur les cartes de cette époque servent toujours. Aujourd'hui, les cartes sont fabriquées par ordinateur et on a recours à des caméras satellites pour calculer les emplacements exacts.

Les cartes géographiques et les cartes marines

Les cartes géographiques indiquent l'emplacement en informant sur la direction et la distance. Les cartes marines, quant à elles, fournissent des indications sur les côtes. Pour dessiner des cartes géographiques et marines exactes, les explorateurs du XVIe siècle avaient besoin d'observations précises, de connaissances en géographie et en mathématiques et d'instruments de navigation tels que l'astrolabe et l'arbalète (voir pages 14 et 15).

Les cartes marines indiquent la forme du littoral ainsi que la profondeur des eaux côtières afin que les navigateurs sachent où se cachent les rochers et les dangereux bancs de sable.

Pour fabriquer les premières cartes marines, on notait la profondeur des eaux le long du littoral en procédant par sondages : on lançait par-dessus bord une ligne au bout de laquelle un poids était suspendu et on notait le moment où il touchait le fond. De nos jours, les navigateurs utilisent un appareil électronique appelé sonar pour éviter de heurter les rochers submergés ou de rester prisonniers des eaux peu profondes.

Les cartes marines

En 1502, les cartographes portugais dressaient d'immenses cartes comprenant la plus récente information sur les littoraux et les océans. Les renseignements récoltés par les frères portugais Corte Real lors de leurs voyages ont permis de tracer les premières cartes de la côte est du Canada. On faisait de ces cartes détaillées de véritables secrets d'État et peu d'originaux ont subsisté.

Dès 1505, les marins avaient besoin de cartes indiquant les rochers et les bancs de sable dans les ports afin de naviguer en toute sécurité. On les appelait des cartes d'approche. Encore aujourd'hui, les navigateurs, de même que les pilotes d'avion, utilisent des cartes d'approche pour éviter les obstacles lorsqu'ils entrent dans un port ou qu'ils atterrissent sur une piste d'aéroport.

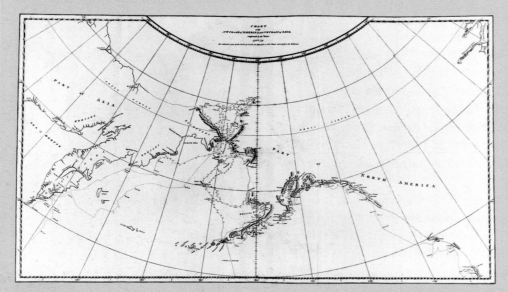

James Cook (voir page 42) a tracé cette carte de la côte nord-ouest du Canada en 1778.

Des chansons comme repères

Les cartes coûtaient cher et étaient souvent jalousement gardées. De nombreux capitaines de bateaux de pêche qui se rendaient dans les Grands Bancs devaient s'en remettre à des chansons décrivant le littoral. Celles-ci se transmettaient de génération en génération dans une même famille, mais bien peu étaient écrites. Voici un exemple d'une chanson consignée par écrit en 1750, *Wadham's Song*. Elle décrivait 100 kilomètres de la côte de Terre-Neuve en onze couplets.

« À l'approche de l'île Fogo
Vous donnerez fond par 15 brasses ;
Par 15 à 18, jamais plus
Et ce jusqu'au rivage. »

Cinquième couplet de Wadham's Song.

Les premières cartes du Canada

La plupart des découvreurs consignaient minutieusement leurs observations sur les territoires explorés afin d'en faire établir la carte par un cartographe professionnel une fois de retour en Europe. Certains explorateurs, tel que Samuel de Champlain, étaient également cartographes. Les cartes de l'est du Canada tracées par Champlain de 1604 à 1635 (l'une d'elles apparaît ci-dessus) étaient basées à la fois sur ses propres indications quant à la latitude et sur les descriptions verbales et dessins que lui ont fournis les autochtones.

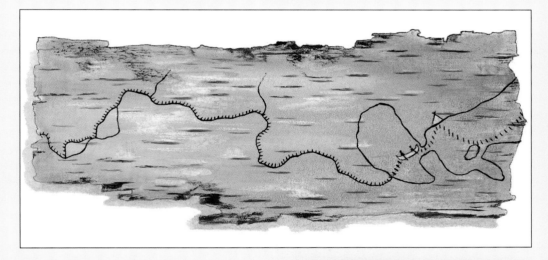

LE SAVIEZ-VOUS ?

De nombreux explorateurs ont payé chèrement, et souvent de leur vie, le fait de s'être fiés à des cartes inexactes. Il arrivait parfois que des cartographes commettent volontairement des erreurs en dressant une carte afin d'empêcher des rivaux de trouver une route qu'ils voulaient être les seuls à connaître.

Des cartes basées sur le temps

Pour dépeindre leur géographie, les Inuits et les autochtones s'appuyaient sur le temps qu'il leur fallait pour se déplacer d'un endroit à l'autre. À l'aide de charbon, ils esquissaient une carte sur de l'écorce de bouleau ou sur une peau d'animal et la laissaient dans un arbre en guise de message pour ceux qui les suivraient. Les Européens trouvaient les cartes des autochtones déroutantes, car elles indiquaient des emplacements d'après le temps qu'il fallait pour les atteindre et non d'après la distance qui les séparait.
La Compagnie de la Baie d'Hudson se fiait sur les renseignements que les autochtones lui donnaient pour tracer des cartes des régions à proximité de ses postes de traite.

Le système mondial de positionnement

De nos jours, on fabrique les cartes grâce aux indications relevées et transmises à la Terre par les satellites. Tournant autour de la Terre à environ 20 000 kilomètres de distance, 24 caméras satellites envoient des signaux qui peuvent effectuer des relevés de latitude et de longitude n'importe où sur la planète.

LES CARTOGRAPHES DU CANADA

James Cook et David Thompson, bien que nés sans le sou, sont devenus de très bons cartographes en lisant et en démontrant un grand intérêt pour tout ce qu'ils étudiaient.

Cook a tracé la carte des côtes est et ouest du Canada. Bien qu'il se soit rendu célèbre surtout par ses explorations qui ont mené à la «découverte» de l'Australie et de la Nouvelle-Zélande, Cook a été choisi pour commander ces expéditions grâce à l'excellent travail qu'il avait accompli en dressant les cartes de la côte est du Canada dans les années 1760. Environ 40 ans plus tard, Thompson a tracé la carte de l'intérieur de l'Ouest canadien avec une telle rigueur que, jusqu'à récemment, toutes les cartes de cette vaste région étaient basées sur son travail.

L'arrivée de Cook à Nootka Sound.

La côte Est

Capitaine de la marine britannique, James Cook a pris part à de nombreux faits marquants de l'histoire du Canada. En 1758, il a contribué à instaurer le blocus de la forteresse française de Louisbourg, où se trouve aujourd'hui la Nouvelle-Écosse. Cook était également le navigateur du général James Wolfe lorsqu'ils ont descendu le fleuve Saint-Laurent en 1759 pour défaire les Français lors de la bataille des Plaines d'Abraham à Québec.

De 1762 à 1767, Cook a dressé la carte des côtes découpées et périlleuses de Terre-Neuve et du Labrador. De plus, il a parcouru les terres pour recenser les montagnes et les lacs au centre de Terre-Neuve.

La côte Ouest

Le dernier des célèbres voyages de Cook sur le Pacifique avait pour but d'explorer la côte ouest du Canada dans l'espoir d'y trouver le fameux passage du Nord-Ouest via l'océan Atlantique.

En 1778, Cook a débarqué à Nootka Sound avant de naviguer vers le nord sur la mer de Beaufort jusqu'à ce que les glaces l'obligent à faire demi-tour. Tout en longeant la côte ouest du Canada, il a dessiné des cartes et cherché le passage. Cook avait l'intention de poursuivre son travail l'été suivant, mais il a été assassiné dans les îles Hawaï en 1779.

Thompson en expédition à la frontière du Canada et des États-Unis.

L'apprenti

Durant son enfance dans un orphelinat de Londres, David Thompson (ci-dessus) s'intéressait à deux choses : les récits d'aventures et les mathématiques. En 1784, à l'âge de quatorze ans, Thompson a été placé en apprentissage chez la Compagnie de la Baie d'Hudson et il a navigué jusqu'au Canada pour devenir employé.

Au début, la vie au froid dans un poste de traite de Churchill Factory, sur les rives de la baie d'Hudson, n'avait rien de l'aventure excitante que Thompson recherchait. Mais bientôt, il a participé à des expéditions dans les terres et il a passé l'hiver à se familiariser avec les coutumes et la langue de la tribu des Peigans. Alors qu'il se remettait d'une fracture à une jambe à l'âge de 18 ans, Thompson a appris l'astronomie et la cartographie.

Un nouvel emploi

Thompson a quitté la Compagnie de la Baie d'Hudson en 1797 pour devenir le topographe en chef de sa principale rivale, la Compagnie du Nord-Ouest. Les frontières entre le Canada et les États-Unis ayant été déterminées, la Compagnie du Nord-Ouest devait savoir dans quel pays étaient situés ses postes de traite. Lorsque la Compagnie a demandé à Thompson de trouver une route permettant d'accéder facilement à l'océan Pacifique, le jeune homme a exploré les abords du fleuve Columbia et en a fait le tracé sur 1 950 kilomètres.

Une affaire de famille

Thompson était souvent accompagné de son épouse, Charlotte (elle était Métisse, c'est-à-dire de parents européen et autochtone) et de leurs enfants lors de ses expéditions de levé topographique. Il entretenait de bonnes relations avec les autochtones ; ceux-ci respectaient ses connaissances scientifiques et le surnommaient « Koo Koo Sint », ce qui signifie « l'homme qui regarde les étoiles ».

Toutefois, Thompson n'a pas trouvé preneur pour ses écrits ni pour ses cinq cartes géantes. Il est mort dans la pauvreté en 1857.

Une grande première

Lorsque Cook a installé son équipement d'astronome à Nootka Sound, sur l'île de Vancouver, il a découvert qu'il était à 6 400 kilomètres à l'ouest de Terre-Neuve. C'était la première fois que l'on obtenait la mesure du Canada sur sa largeur.

LE SAVIEZ-VOUS ?

David Thompson démontrait une insatiable curiosité. Il s'est fait un devoir de goûter toutes les espèces de mousses, de chronométrer les antilopes et de mesurer la température du sang de renne.

L'EXPLORATION FLUVIALE

Deux explorateurs ont donné leurs noms aux fleuves impétueux qu'ils ont explorés. Alexander Mackenzie et Simon Fraser étaient encore adolescents lorsqu'ils sont devenus commerçants de fourrure. Mackenzie s'est lancé dans la traite de la fourrure en 1779 et Fraser, en 1792. Tous deux ont gravi les échelons jusqu'à devenir associés dans la Compagnie du Nord-Ouest, avant qu'elle ne fusionne avec la Compagnie de la Baie d'Hudson en 1821.

Toutes les compagnies qui faisaient le commerce de la fourrure souhaitaient étendre leur système de postes de traite vers l'ouest jusqu'au bord du Pacifique. Mackenzie et Fraser espéraient tous deux trouver un fleuve qui permettrait de transporter rapidement les fourrures vers cette côte.

Le Mackenzie
En 1789, Alexander Mackenzie (à gauche) a suivi un fleuve à partir du Grand lac des Esclaves, dans les Territoires du Nord-Ouest actuels, et a constaté non sans surprise qu'il se jetait dans l'océan Arctique. Bien que cette expédition lui ait permis d'explorer le plus long fleuve du Canada, Mackenzie était déçu qu'il ne s'agisse pas du passage jusqu'à l'océan Pacifique. À cette époque, cette voie n'était d'aucune utilité commerciale. Frustré, il a surnommé ce cours d'eau « Disappointment River », mais celui-ci deviendra le fleuve Mackenzie par la suite.

Enfin, le Pacifique !
Quatre ans plus tard, Mackenzie a été le premier Européen à traverser les montagnes Rocheuses par voie de terre. Deux autochtones l'ont guidé le long du sentier *Grease Trail*, ainsi nommé en raison de l'huile de poisson qu'ils obtenaient en commerçant avec les tribus côtières. Lorsqu'ils ont atteint l'océan Pacifique, Mackenzie a pris de la teinture rouge, l'a mélangée à de la graisse d'ours et a peint sur un rocher faisant saillie dans le Pacifique : *Alexander Mackenzie, du Canada, par voie de terre, le 22 juillet de l'an 1793.*

Mackenzie et son équipage franchissant des rapides sur le fleuve qui allait un jour porter son nom.

OCÉAN ARCTIQUE

Fleuve Mackenzie

Montagnes Rocheuses

Grand lac des Esclaves

Fleuve Fraser

OCÉAN PACIFIQUE

Mackenzie, un homme de lettres

Comme la plupart des explorateurs, Mackenzie consignait dans un journal le récit de ses expériences au Canada. Il y décrivait le vaste pays ainsi que les nombreuses tribus autochtones qu'il a rencontrées. Quand il est rentré en Angleterre en 1799, il a publié son journal et l'a intitulé *Voyages from Montreal to the Frozen and Pacific Oceans*. Le livre a connu un franc succès et Mackenzie est devenu l'un des plus célèbres explorateurs de son époque.

Associés et rivaux

Simon Fraser (ci-dessus) est devenu associé de la Compagnie du Nord-Ouest alors qu'il n'avait que 25 ans. Puisque le trajet par voie de terre effectué par Mackenzie était trop long et dangereux pour servir de route commerciale, la Compagnie du Nord-Ouest a chargé Fraser, en 1808, de trouver une voie fluviale traversant les montagnes Rocheuses. Fraser était extrêmement jaloux du succès de Mackenzie et de la position qu'il occupait au sein de la compagnie. Il était bien déterminé à faire mieux que lui.

Une expédition périlleuse

Fraser a choisi d'explorer un fleuve aux eaux tumultueuses courant sur 840 kilomètres et dont les portages le long des falaises étaient à faire dresser les cheveux sur la tête. Il espérait qu'il s'agissait du fleuve Columbia, qui comptait un poste de traite de fourrure à son embouchure, sur la côte Ouest. Fraser était trop arrogant pour écouter les mises en garde d'un chef autochtone qui avait déclaré: «Les tourbillons avaleront vos canots.»

Afin d'encourager ses hommes, Fraser a donné à ses fragiles canots en écorce de bouleau des noms tels que *Perseverance* et *Determination*. Néanmoins, après avoir affronté de nombreux et redoutables rapides, même Fraser a reconnu que ce voyage était «une entreprise désespérée». Les hommes devaient porter leur attirail le long d'étroits sentiers en s'accrochant à des racines et à des branches. Il était évident que le fleuve était trop déchaîné pour servir de voie de transport pour les fourrures.

Fraser a fini par atteindre l'océan Pacifique, mais lorsqu'il a utilisé son sextant pour établir sa position, il a constaté que ce fleuve se trouvait trop au nord pour être le fleuve Columbia. C'est David Thompson, cartographe et ami de Simon Fraser, qui a baptisé ce cours d'eau le fleuve Fraser.

L'histoire se poursuit

Il est possible de marcher sur les traces de Mackenzie, car les derniers 350 kilomètres de son expédition à travers le Canada constituent aujourd'hui un sentier de randonnée en Colombie-Britannique. La Piste du voyageur Alexander Mackenzie s'étend du fleuve Fraser, à Quesnel, jusqu'au village côtier de Bella Coola.

Fraser et ses hommes franchissant un dangereux passage.

UN NOUVEL INTÉRÊT POUR LE PASSAGE DU NORD-OUEST

Des centaines de marins et leurs navires, perdus alors qu'ils cherchaient le passage du Nord-Ouest, reposent au fond de l'océan Arctique. Certains historiens pensent même que John Cabot a disparu en 1498 alors qu'il tentait, lui aussi, de trouver cette route. Durant les 40 années qui ont suivi l'exploration de James Cook, en 1778, où son bateau a été bloqué par les glaces, les Britanniques se sont désintéressés du passage du Nord-Ouest.

Cependant, à la fin d'une longue guerre contre la France, en 1815, les Britanniques se sont retrouvés avec de nombreux vaisseaux et des hommes en manque de travail. Le parlement britannique a alors offert une récompense de 20 000 livres (l'équivalent de près de deux millions de dollars aujourd'hui) au premier bateau qui franchirait le passage du Nord-Ouest vers l'océan Pacifique. La course était relancée.

L'hiver dans l'Arctique

Edward Parry (ci-dessus) a été le premier découvreur de l'Arctique ayant délibérément laissé ses bateaux devenir prisonniers des glaces afin de prolonger sa période d'exploration. Alors que ses navires étaient paralysés à l'île Melville en 1819, Parry a fait pousser des herbes médicinales sur la tuyauterie de la coquerie et a gardé ses hommes occupés en leur faisant faire de la course à pied. Même s'il n'a pas trouvé le passage, Parry a été le premier à rentrer en Angleterre sans avoir perdu un seul homme.

Déterminé à réussir

C'est en 1821 que John Franklin a tenté pour la première fois de trouver le passage du Nord-Ouest en dressant la carte marine de l'Arctique par voie de terre. Cette expédition a tourné au désastre puisque dix de ses hommes sont morts de faim. La seconde tentative (1825-1827) d'établir la carte côtière à partir de la rivière Coppermine a été couronnée de succès grâce à l'aide des autochtones.

En 1845, Franklin (à droite), ses deux vaisseaux, l'*Erebus* et le *Terror*, et un équipage de 140 hommes de la marine britannique sont partis à la recherche du passage. Les bateaux, équipés en prévision d'un voyage de trois ans, transportaient notamment de la porcelaine de Chine, un piano à queue et une nouvelle invention, de la nourriture en conserve. Personne n'a entendu parler de l'expédition par la suite.

Les navires de Frobisher prisonniers des glaces au large de l'île du roi William, dans l'Arctique.

L'Investigator

De vaines recherches

Aucune nouvelle de Franklin n'étant parvenue en Angleterre en 1848, on a lancé la plus grande opération de sauvetage de l'histoire de l'exploration. Au cours des 16 années qui ont suivi, plus d'une trentaine d'équipes de secours sont parties à la recherche de Franklin. Même si on ne l'a jamais retrouvé, les chercheurs en ont beaucoup appris sur l'Arctique. Aujourd'hui, les scientifiques croient que plusieurs des hommes de Franklin sont peut-être morts d'une intoxication au plomb provenant de la soudure ayant scellé leurs boîtes de conserve.

Par voies de terre et de mer

Alors qu'il était à la recherche de Franklin en 1850, Robert McClure a remonté la côte ouest de l'Amérique du Nord à bord de l'*Investigator*, empruntant le détroit de Bering et traversant la mer de Beaufort. Son navire étant immobilisé par les glaces, il a poursuivi sa route à bord d'un traîneau tiré par des chiens, devenant du même coup le premier Européen à franchir le passage du Nord-Ouest par voies maritime et terrestre.

Par voie maritime

En 1903, un jeune Norvégien nommé Roald Amundsen a quitté son pays pour étudier les champs magnétiques du pôle Nord. En 1906, son bateau est devenu le premier à traverser la longue voie navigable encombrée de glaces pour atteindre le Pacifique. Cet événement a mis fin à plus de 400 ans de recherche pour trouver le passage du Nord-Ouest.

Amundsen et son navire, le Gjoa.

Une grande première

En 1948, le *St-Roch*, goélette à voile et à moteur de la Gendarmerie royale du Canada, a quitté Vancouver, remonté la côte et franchi le passage du Nord-Ouest d'ouest en est. Le capitaine du *St-Roch*, Henry Larsen, a ramené le bateau par le même passage en 1952. Il a été le premier navigateur à emprunter le passage du Nord-Ouest dans les deux directions.

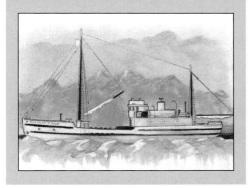

L'histoire se poursuit

Le *St-Roch*, devenu lieu historique national et amarré à Vancouver, accueille les visiteurs à son bord.

LE SAVIEZ-VOUS?

Bien qu'on ait retrouvé de nombreux squelettes ainsi que des articles ayant appartenu à l'équipage, le corps de John Franklin n'a jamais été identifié.

LA COURSE VERS LE PÔLE NORD

À la fin du XIXᵉ siècle, la majeure partie du Canada avait été explorée, sauf son point le plus éloigné au nord. Cette région est devenue l'objectif à atteindre dans une course internationale vers le pôle Nord, le sommet du monde !

Pour parvenir jusqu'au pôle Nord, il fallait affronter des températures glaciales et des blizzards impitoyables.

Les explorateurs parcourant l'océan Arctique gelé couraient de multiples dangers, comme tomber dans de profondes crevasses, perdre des orteils ou des doigts à la suite d'engelures ou même mourir de froid. Durant le court été arctique, la banquise se rompait par endroits. Cela créait de grandes étendues d'eau appelées chenals qu'il fallait contourner.

Les premières tentatives

L'Américain Charles Hall a disparu mystérieusement en 1871 alors qu'il tentait d'atteindre le pôle Nord. En 1885, une autre expédition américaine, menée par Adolphus Greely, ne s'est pas rendue plus loin qu'à l'île d'Ellesmere. En 1875, la tentative de la marine britannique d'atteindre le pôle Nord, sous les ordres de George Nares, a également échoué, car ce dernier a refusé d'utiliser les moyens mis au point

par les Inuits et les autochtones, tels que l'igloo et les raquettes.

Des idées ingénieuses

Les découvreurs scandinaves faisaient preuve de beaucoup d'imagination pour trouver le moyen d'atteindre le pôle Nord. En 1893, un scientifique norvégien, Fridtjof Nansen, a construit un bateau robuste, le *Fram* (ci-dessus), pour dériver avec les bancs de glaces flottantes. Toutefois, le navire n'est pas passé aussi près du pôle Nord que Nansen l'aurait voulu. En 1897, le Suédois Salomon

Andree a tenté de se rendre au pôle Nord à bord d'une montgolfière, mais il n'a pas survécu à cette expédition.

Le rêve arctique

L'officier de marine et explorateur américain Robert Peary (ci-dessus, à gauche) avait déjà lu sur l'Arctique à l'âge de six ans et, à la fin de ses études secondaires, il a décrit son rêve d'atteindre le pôle Nord dans son discours lors de la cérémonie de remise des diplômes. À l'âge de 42 ans, il comptait à son actif huit voyages dans l'Arctique.

Lors de leur expédition en 1909, Peary et son ami Matthew Henson (ci-dessus, à droite) étaient accompagnés des guides inuits Egingwah, Ooqueah, Ootah et Seeglo. Ils ont persévéré dans leur effort pour parvenir au pôle Nord parce qu'ils avaient adopté les méthodes traditionnelles des Inuits pour voyager. Ils se sont déplacés en traîneau à chiens

sur la glace, ils ont construit des igloos pour s'abriter et ils ont porté des vêtements de fourrure comme ceux des Inuits afin de rester au chaud et au sec.

Les pires obstacles auxquels ont dû faire face Peary et Henson en voyageant en traîneau à chiens étaient les rides de pression, sorte de collines de glace escarpées de la hauteur d'un édifice de quatre étages. Celles-ci étaient formées par des fragments de banquise disloqués. Les membres de l'équipe de Peary devaient parfois tirer leurs traîneaux tout en haut de ces collines pour éviter de perdre du temps en longs détours.

Peary surveillait constamment la latitude et la longitude de son expédition. Finalement, le 6 avril 1909, les explorateurs étaient convaincus d'avoir atteint le pôle Nord. Henson et les quatre guides inuits ont bâti un igloo et l'ont surmonté du drapeau américain, tandis que Peary photographiait ce moment historique.

Peary, Henson et leur équipage hissant leurs traîneaux sur une ride de pression.

Vrai ou faux?

On a remis en question pendant près d'un siècle le fait que Peary et Henson aient été les premiers à atteindre le pôle Nord, certains allant même jusqu'à douter qu'ils s'y soient vraiment rendus. Frederick A. Cook, qui les avait accompagnés lors d'une précédente expédition, a faussement déclaré qu'il avait atteint le pôle Nord un an auparavant.

Ceci a causé une telle controverse que l'exploit de Peary et Henson n'a été reconnu qu'en 1990 au terme d'une enquête de la *National Geographic Society*, bien après le décès des deux explorateurs. À ce jour, certains experts soutiennent toujours qu'il n'existe aucune preuve pour appuyer les affirmations de Peary et Henson.

« LE PÔLE, ENFIN ! MON RÊVE ET MON OBJECTIF DES VINGT DERNIÈRES ANNÉES. »

Entrée du 6 avril 1909 dans le journal de Robert Peary.

Une grande première

En 1926, le Norvégien Roald Amundsen a survolé le pôle Nord à bord d'un dirigeable (ci-dessous, à gauche). Plus tard cette année-là, les Américains Richard Byrd et Floyd Bennett ont survolé le pôle Nord en avion. Le sous-marin nucléaire américain *Nautilus* (ci-dessous, à droite) a fait le premier voyage sous le pôle en 1958.

L'EXPLORATION SCIENTIFIQUE

Les explorateurs ont toujours été intéressés non seulement par la découverte de nouveaux territoires, mais également par l'environnement naturel de ces lieux. Sans appareil photo pour conserver le souvenir de leurs explorations, de nombreux Européens, dont Samuel de Champlain, Alexander Mackenzie et Jean de Brébeuf, dessinaient les animaux, les paysages et les plantes observés au cours de leurs voyages.

Plus tard, les gouvernements de la Grande-Bretagne et du Canada ont financé des expéditions, notamment celle dirigée par John Palliser de 1858 à 1863, et qui avait pour but de découvrir de nouveaux spécimens de plantes et d'animaux, de même que des ressources comme le charbon, le pétrole et les métaux précieux.

Aujourd'hui, le gouvernement canadien continue à parrainer l'exploration scientifique par le biais de la Commission géologique du Canada et de l'Agence spatiale canadienne. Les explorations sous-marines sont menées par les navires de recherche océanographique de la Garde côtière canadienne.

Le premier scientifique canadien

Michel Sarrazin est venu au Québec en 1685 pour y devenir médecin, mais sa première passion était les sciences naturelles. Il a exploré les forêts, les champs et les marécages de la Nouvelle-France à la recherche de nouvelles espèces de plantes. Il a envoyé des centaines de croquis et de spécimens d'animaux, de minéraux, de plantes et de roches à des scientifiques de Paris, en France.

Des minéraux et des dinosaures

Joseph Tyrrell (ci-dessous) était mineur dans une mine d'or, historien et scientifique. Il a exploré de vastes régions dans le nord et l'ouest du Canada, remplissant les blancs sur les cartes des Territoires du Nord-Ouest. Tyrrell a également publié les journaux de bord des explorateurs Samuel Hearne et David Thompson.

Le premier géologue canadien

Le plus haut sommet du Canada a été nommé en l'honneur de William Logan (ci-dessus), le premier directeur de la Commission géologique du Canada. Afin d'effectuer ses recherches géologiques, Logan passait souvent des mois sous la tente dans les régions sauvages de l'Ontario et du Québec actuels. Son impressionnante collection de minéraux canadiens, comprenant de l'argent, du cuivre et du nickel, et sa superbe carte géologique du Canada ont été exposées à Londres et à Paris dans les années 1850. Cela a suscité l'intérêt de la communauté internationale pour la richesse du Canada en minéraux.

En 1884, Tyrrell a fait une découverte majeure en trouvant en Alberta un fossile de dinosaure ainsi que le plus grand gisement de charbon de tout le Canada. Plus tard, il a fait fortune comme mineur lors de la Ruée vers l'or au Klondike.

L'avenir

Les frontières pour les explorateurs du XXIᵉ siècle se situent dans l'espace et au fond des océans. L'Agence spatiale canadienne a été créée en 1989 pour entraîner les astronautes canadiens, développer des satellites et mettre au point des programmes de spatiologie et de technologie.

Les astronautes Roberta Bondar, Marc Garneau, Chris Hadfield, Steve MacLean, Julie Payette et Dave Williams ont tous participé à des missions à bord de navettes spatiales. Ces explorateurs des temps modernes ont réalisé des recherches expérimentales dans l'espace, dont certaines mettaient à contribution le bras canadien.

Pour aider la Gard côtière canadienne à poursuivre son exploration sous-marine, Phil Nuytten a conçu des véhicules submersibles et des scaphandres pouvant résister à la pression dans l'eau profonde. Cela permet aux plongeurs d'explorer les fonds marins jusqu'au plateau continental.

Aujourd'hui, l'exploration au Canada se poursuit de différentes façons. Les explorateurs de notre époque sont des scientifiques qui cherchent à comprendre les écosystèmes de la Terre et à préserver les merveilles naturelles pour les générations à venir.

Le bras canadien à bord d'une navette spatiale.

« C'AURAIT ÉTÉ TERRIBLE DE REVENIR SUR LA TERRE ET DE NE PAS EXPLORER. UNE FOIS DE RETOUR SUR LA TERRE, J'AI VU LES CHOSES DIFFÉREMMENT. »

L'astronaute Roberta Bondar

⬥ PORTRAIT ⬥

JULIE PAYETTE

Julie Payette a grandi à Montréal, mais elle a étudié dans plusieurs écoles et universités à travers le monde, y compris en Russie. En 1999, elle s'est envolée dans l'espace à bord de la navette spatiale américaine *Discovery*, devenant la première Canadienne à prendre part à une mission de ravitaillement de la Station spatiale internationale.

L'histoire se poursuit

Il est possible de voir quelques-uns des os de dinosaures retrouvés par Joseph Tyrrell au Royal Tyrrell Museum of Palaeontology à Drumheller, en Alberta.

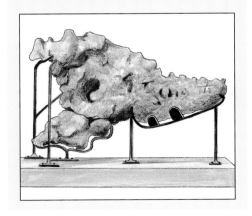

ITINÉRAIRES DES EXPLORATEURS DU CANADA

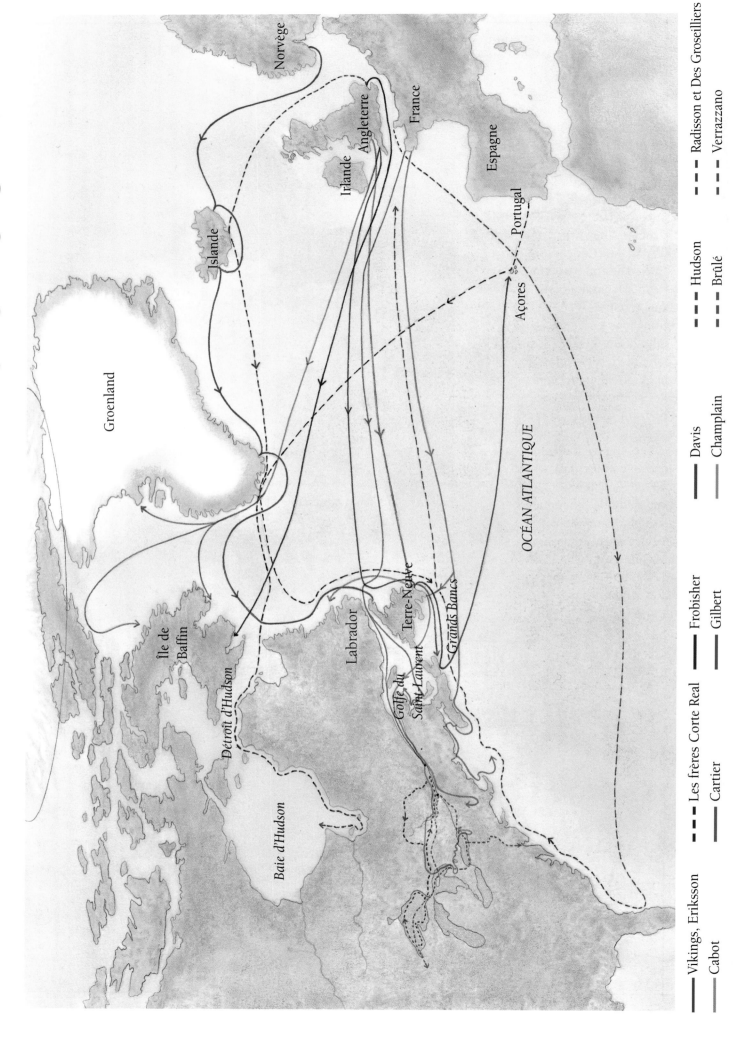

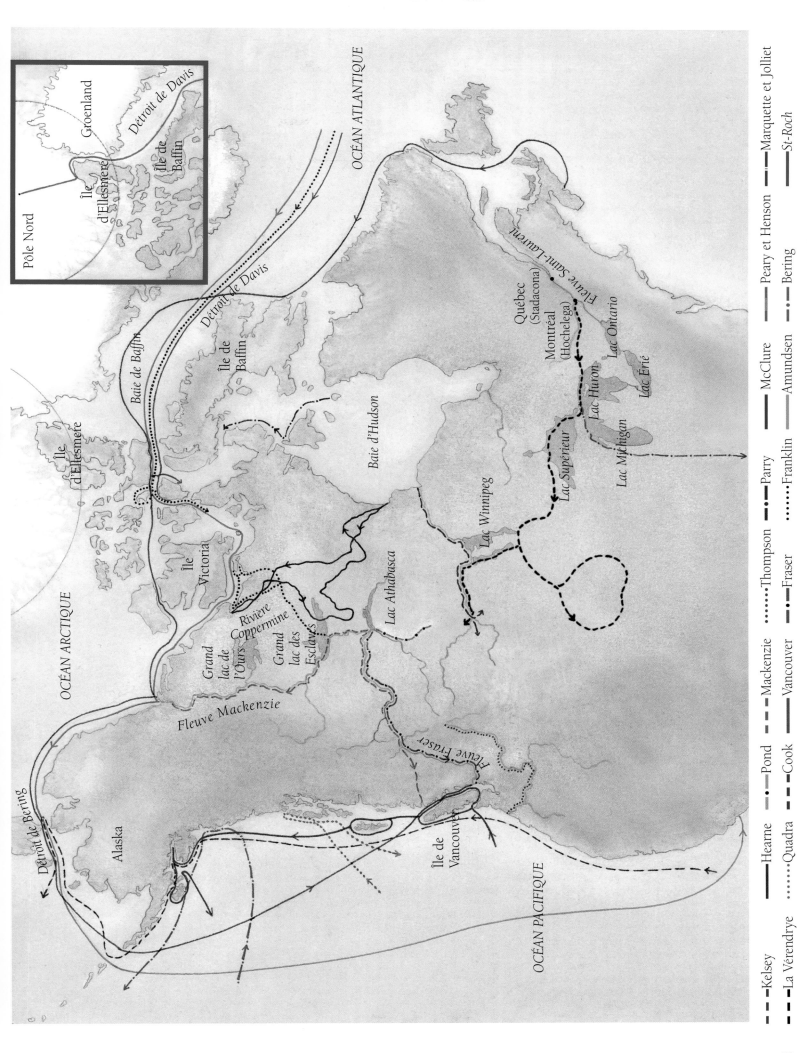

Pôle Nord

Groenland

Détroit de Davis

Île d'Ellesmere

Île de Baffin

OCÉAN ATLANTIQUE

OCÉAN ARCTIQUE

Île d'Ellesmere

Baie de Baffin

Détroit de Davis

Île de Baffin

Baie d'Hudson

Île Victoria

Détroit de Bering

Alaska

Fleuve Mackenzie

Grand lac de l'Ours

Rivière Coppermine

Grand lac des Esclaves

Lac Athabasca

Lac Winnipeg

Lac Supérieur

Lac Huron

Lac Michigan

Lac Ontario

Lac Érié

Québec (Stadacona)

Montréal (Hochelaga)

Fleuve Saint-Laurent

Fleuve Fraser

Île de Vancouver

OCÉAN PACIFIQUE

— Kelsey
— La Vérendrye
— Hearne
— Pond
— Quadra
— Mackenzie
— Thompson
— Vancouver
— Cook
— McClure
— Parry
— Fraser
— Franklin
— Peary et Henson
— Amundsen
— Bering
— Marquette et Jolliet
— St-Roch

CHRONOLOGIE

Les explorations au Canada		Les événements au Canada
	Il y a environ 40 000 ans	Les ancêtres des autochtones du Canada pourraient avoir migré de l'Asie en Amérique du Nord.
Les autochtones explorent l'Amérique du Nord.	Il y a des milliers d'années	
Le légendaire voyage de Saint-Brendan au Canada	Dans les années 500	
Avec Leiv Eriksson à leur tête, les Vikings arrivent à Terre-Neuve et établissent une colonie.	1000	
	Les années 1400	Les pêcheurs européens découvrent les Grands Bancs au large de Terre-Neuve.
Les marins portugais traversent l'océan Atlantique Nord jusqu'au Groenland et au Labrador.	Les années 1440	
Christophe Colomb découvre le « Nouveau Monde » en cherchant une route pour l'Asie.	1492	
Le traité de Tordesillas divise le monde entre l'Espagne et le Portugal.	1494	
John Cabot effectue son premier voyage à Terre-Neuve sur la côte est du Canada.	1497	
Cabot et son navire disparaissent lors de son second voyage.	1498	
Joao Fernandes de même que Gaspar et Miguel Corte Real explorent les côtes du Groenland et de Terre-Neuve.	1500	
Les peuples des Plaines deviennent les premiers à explorer les Prairies à dos de cheval.	Les années 1500	
Joao Alvarez Fagundes aurait établi une colonie à l'île du Cap-Breton, en Nouvelle-Écosse.	1520	
Giovanni da Verrazzano explore la côte est de l'Amérique du Nord.	1523	
Jacques Cartier effectue son premier voyage dans le golfe du Saint-Laurent.	1534	
Cartier se rend à Stadacona (Québec) lors de son second voyage.	1535	
Cartier fonde une colonie près de Stadacona lors de son troisième voyage.	1541	
	1550–60	Les pêcheurs basques font de Red Bay, sur la côte du Labrador, le plus grand port baleinier au monde.
Martin Frobisher effectue trois voyages à la recherche du passage du Nord-Ouest (une route pour accéder à l'Asie par l'Amérique du Nord).	1576–78	
Humphrey Gilbert revendique Terre-Neuve au nom de la Grande-Bretagne.	1583	
John Davis effectue trois voyages pour trouver le passage du Nord-Ouest.	1585–87	
Samuel de Champlain vient au Canada pour la première fois lors d'une expédition pour faire le commerce de la fourrure.	1603	
	1604	Mathieu da Costa devient la première personne de race noire au Canada.
	1605	Les Français construisent Port-Royal en Nouvelle-Écosse.
Henry Hudson explore l'Amérique du Nord à la recherche du passage du Nord-Ouest.	1607–11	
Étienne Brûlé explore avec les Hurons et devient le premier Européen à atteindre les Grands Lacs.	1608	Samuel de Champlain fonde Québec.
L'équipage de Hudson se mutine et laisse Hudson, son fils et d'autres membres d'équipage dans la baie d'Hudson.	1611	
Thomas Button part à la recherche de Hudson dans la baie d'Hudson.	1612	
Champlain fait une expédition en canot de Québec jusqu'au lac Huron.	1614–16	
	1625	Les prêtres jésuites arrivent à Québec pour christianiser les autochtones.
Luke Fox et Thomas James explorent la baie d'Hudson et la baie James.	1631	
	1634–39	Le peuple huron est presque anéanti par la petite vérole transmise par les Européens.
	1642	La colonie missionnaire de Ville-Marie (Montréal) est fondée.
Pierre-Esprit Radisson et Médard Chouart Des Groseilliers explorent l'intérieur des terres du Canada pour trouver des peaux de castor.	1660	
	1670	La Compagnie de la Baie d'Hudson est fondée.
Jacques Marquette et Louis Jolliet explorent le fleuve Mississippi à la recherche de l'océan Pacifique.	1673	
Le scientifique Michel Sarrazin explore la Nouvelle-France.	1685	
Henry Kelsey passe plusieurs années avec le peuple des Plaines et explore pour la Compagnie de la Baie d'Hudson.	1690	
Pierre La Vérendrye et ses fils atteignent le lac Winnipeg.	1728	
Vitus Bering explore le nord de la côte du Pacifique.	1741	

	1759	La Grande-Bretagne défait la Nouvelle-France lors de la bataille des Plaines d'Abraham.
James Cook explore la côte est du Canada et en dresse la carte.	1762–67	
Samuel Hearne, en compagnie du guide autochtone Matonabbee, explore la rivière Coppermine. Il devient le premier Européen à atteindre l'océan Arctique par voie de terre.	1771	
Juan Pérez Hernández explore le nord de la côte du Pacifique jusqu'aux îles de la Reine-Charlotte.	1774	
Hernández et Juan Francisco de la Bodega y Quadra établissent la carte de la côte du Pacifique. Bodega y Quadra navigue jusqu'en Alaska.	1775	
Peter Pond explore le nord de l'Alberta.	1778	
Cook explore la côte ouest du Canada.		
	1779	La Compagnie du Nord-Ouest est fondée.
	1788	John Meares construit un poste de traite sur l'île de Vancouver, ce qui entraîne presque une guerre entre l'Angleterre et l'Espagne.
Alexander Mackenzie explore le fleuve Mackenzie.	1789	
George Vancouver dresse la carte marine de la côte Nord-Ouest.	1791	Le Haut-Canada et le Bas-Canada sont formés.
Mackenzie atteint l'océan Pacifique par voie de terre. Il est le premier Européen à traverser les montagnes Rocheuses par voie de terre.	1793	
David Thompson fait la carte du fleuve Columbia.	1797	
Simon Fraser explore le fleuve Fraser.	1808	
	1812–14	C'est la guerre de 1812 entre les Britanniques (Canada) et les États-Unis.
	1812	C'est le début de la colonisation dans la région de la rivière Rouge.
	1818	On établit la frontière entre le Canada et les États-Unis au 49e parallèle.
Edward Parry et tout son équipage survivent à un hiver dans l'Arctique.	1819	
John Franklin effectue un premier voyage à la recherche du passage du Nord-Ouest.	1821	La Compagnie du Nord-Ouest et la Compagnie de la Baie d'Hudson fusionnent.
Franklin fait un second voyage.	1825–27	
	1841	Le Haut-Canada et le Bas-Canada s'unissent pour former la province du Canada.
	1843	Les Britanniques érigent le fort Victoria pour revendiquer l'île de Vancouver.
Franklin disparaît lors de sa troisième expédition pour trouver le passage du Nord-Ouest.	1845	
La plus importante opération de secours jamais menée ne permet pas de retrouver Franklin dans l'Arctique.	1848–64	
Robert McClure est le premier à franchir le passage du Nord-Ouest par bateau et traîneau à chiens.	1850	
	1857	Ottawa devient la capitale du Canada.
John Palliser dirige une expédition scientifique pour explorer l'ouest du Canada.	1858–63	
	1858	La Ruée vers l'or commence le long du fleuve Fraser.
	1861–69	Frances Ann Hopkins parcourt le Canada en canot, peignant les explorateurs et les commerçants de fourrure.
	1867	Le dominion du Canada est formé.
	1869–70	On assiste au soulèvement de la rivière Rouge.
	1870	La Compagnie de la Baie d'Hudson vend son territoire au Canada.
Joseph Tyrrell découvre des fossiles de dinosaure en Alberta.	1884	
	1885	Louis Riel est pendu après avoir été trouvé coupable de trahison lors de la rébellion du Nord-Ouest.
		Le chemin de fer du Canadien Pacifique est terminé.
Fridtjof Nansen navigue jusqu'au pôle Nord à bord du *Fram*.	1893	
	1897–99	C'est la Ruée vers l'or au Klondike.
	1901	Gugliano Marconi reçoit une communication radio transatlantique à Saint-John, à Terre-Neuve.
Roald Amundsen est le premier à franchir le passage du Nord-Ouest par bateau.	1906	
Robert Peary et Matthew Henson croient avoir atteint le pôle Nord.	1909	
	1914–18	Première Guerre mondiale
	1918	Les femmes obtiennent le droit de vote lors des élections fédérales.
Amundsen survole le pôle Nord en dirigeable.	1926	
	1929–39	La Grande Dépression
	1939–45	Seconde Guerre mondiale
Le *St-Roch*, de la Gendarmerie royale du Canada, devient le premier navire à franchir le passage du Nord-Ouest dans les deux directions.	1952	
Le sous-marin américain *Nautilus* est le premier à voyager sous le pôle Nord.	1958	
	1960	La colonie viking de l'Anse aux Meadows, à Terre-Neuve, est l'objet de fouilles archéologiques.
	1965	Le Canada se dote d'un drapeau dont l'emblème est la feuille d'érable.
Marc Garneau devient le premier astronaute canadien à aller dans l'espace.	1984	
	1989	L'Agence spatiale canadienne est créée.
Julie Payette est la première canadienne à bord de la Station spatiale internationale.	1999	Le territoire du Nunavut est créé.
	2001	Le bras canadien est fixé à la Station spatiale internationale.

INDEX